JN246346

とことん使える！
無印良品

人気収納アイテムで
「ためない」暮らし

整理収納アドバイザー1級
小林 尚子

講談社

Prologue

引っ越しを重ねるうちに、いかに簡単に荷造りして、すぐに生活ができる引っ越しができないかと考えるようになりました。そんなおり、どんな住宅にも合うものをコンパクトにまとめやすい無印良品の収納に出会いました。自分のライフスタイルにも合い大好きになり、気がつけばわが家の収納用品の約８割の無印良品と暮らしています。

なぜ、片づけは必要なのでしょう？

自分の好きなスタイル、そして、これからどう生きるかが決まれば、そのために必要なものを厳選することができます。そして、厳選されたものなら大切にしまうようになります。ひとつひとつが整えば、家全体も整う。自分の居る環境が整えば、心も整います。

多くのものに囲まれている私たちですが、本当に必要なものは意外と少ないのかもしれません。

この本を見てくださったひとりでも多くの方が、「整える」ということに心を向けていただけたら嬉しいです。

小林　尚子

Contents

この本をお読みになる前に

- 本書に掲載されている情報は、2017年11月現在のものです。
- クレジット表記の価格は税込み価格です。
- 仕様や価格は変更になる場合があります。
- 現在は販売終了で入手できないものもありますので、あらかじめ無印良品各店舗やホームページでご確認ください。
http://www.muji.com/
- Ⓜ無印良品の商品、Ⓞ他のメーカー商品（一部）です。
- 寸法のH＝高さ、W＝幅、D＝奥行です。

Part
1

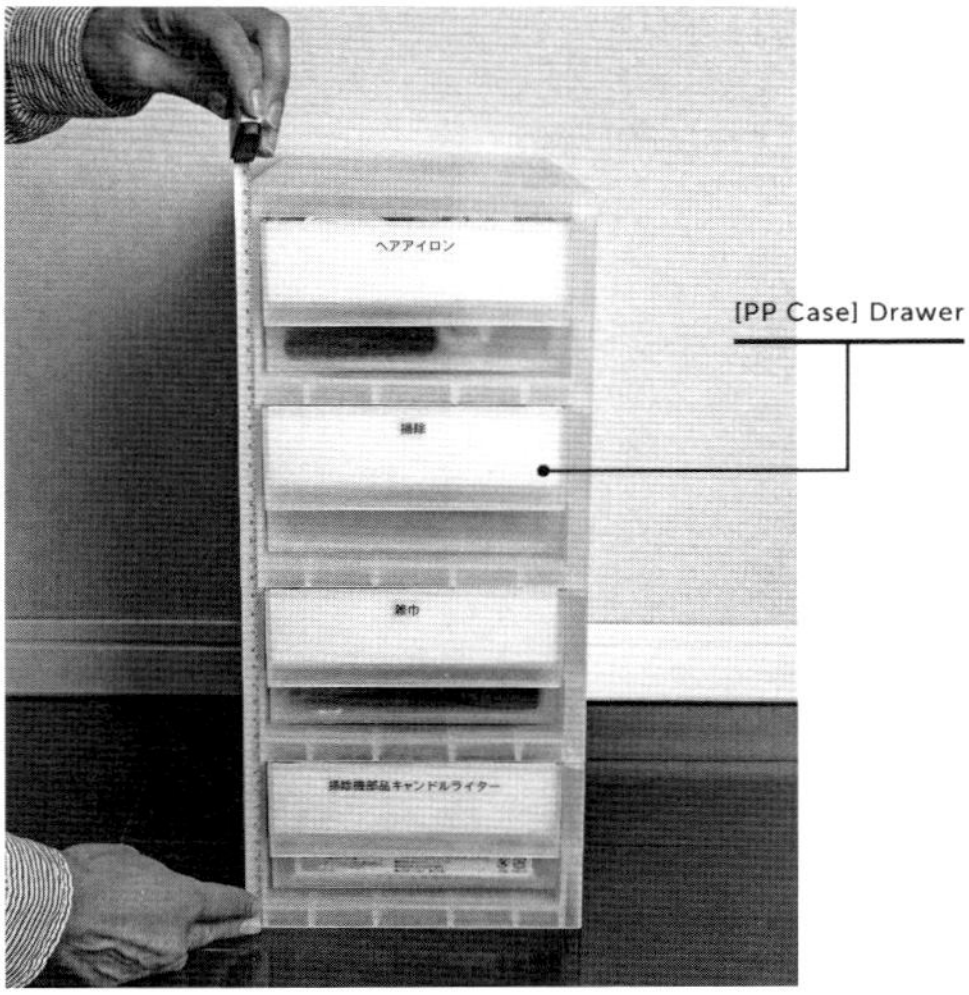

無印良品で暮らしを整える
小林さんちの黄金ルール

片づいている家には、シンプルでおしゃれなルールがありました。いつもと考え方をちょっと変えるだけで、心地よい暮らしが待っています。

収納のプロが教える

Rule 01

きちんと寸法を測る

採寸することは、ベストなものを探すための一番の近道

新たにものを買うとき、どんな場所でどんな風に使うのかをイメージします。でもイメージだけでは、その場所に収納できるのか、使いやすいのかもわかりにくいもの。安いから失敗しても大丈夫！という何となく買いは危険です。なぜなら使えなければ、それらのものはゴミになってしまう可能性が大。どんなに安く小さなものでも、買う前に必ず採寸して図に書きおこすこと。イメージもしやすく、機能的にも満足できます。

左ページ：
←------ **採寸表は必ず作成**

（写真上）お仕事用
収納用品を入れる空間を採寸して、収納グッズのスケッチとともに書き入れて。お客様に提案するときにイメージがつかみやすい。

（写真下）自宅用
収納の理想形を書き、サイズを記入してピッタリなものを探す。購入したもののタグを一緒に綴れば、リピート買いするときに役立つ。

Point 1

ハンガーの本数はバーの長さ÷3cm

この本数で収納すれば、洋服の間に空間ができ、取り出しやすく、しまいやすい。シワにもならない。ハンガーを統一すればなおよし。

Point 2

重ねるときは天板分を引いて採寸

引き出しを重ねる場合は、はずす天板を引いて計算。ムダなスペースができず、空間に合ったものをきちんと収めることができる。

Point 3

扉のでっぱりと金具分を引いて採寸

でっぱりと金具を引かなければ、ピッタリ入れたはずのかごが引き出せなくなってしまうことも。有効な空間を採寸することがカギ。

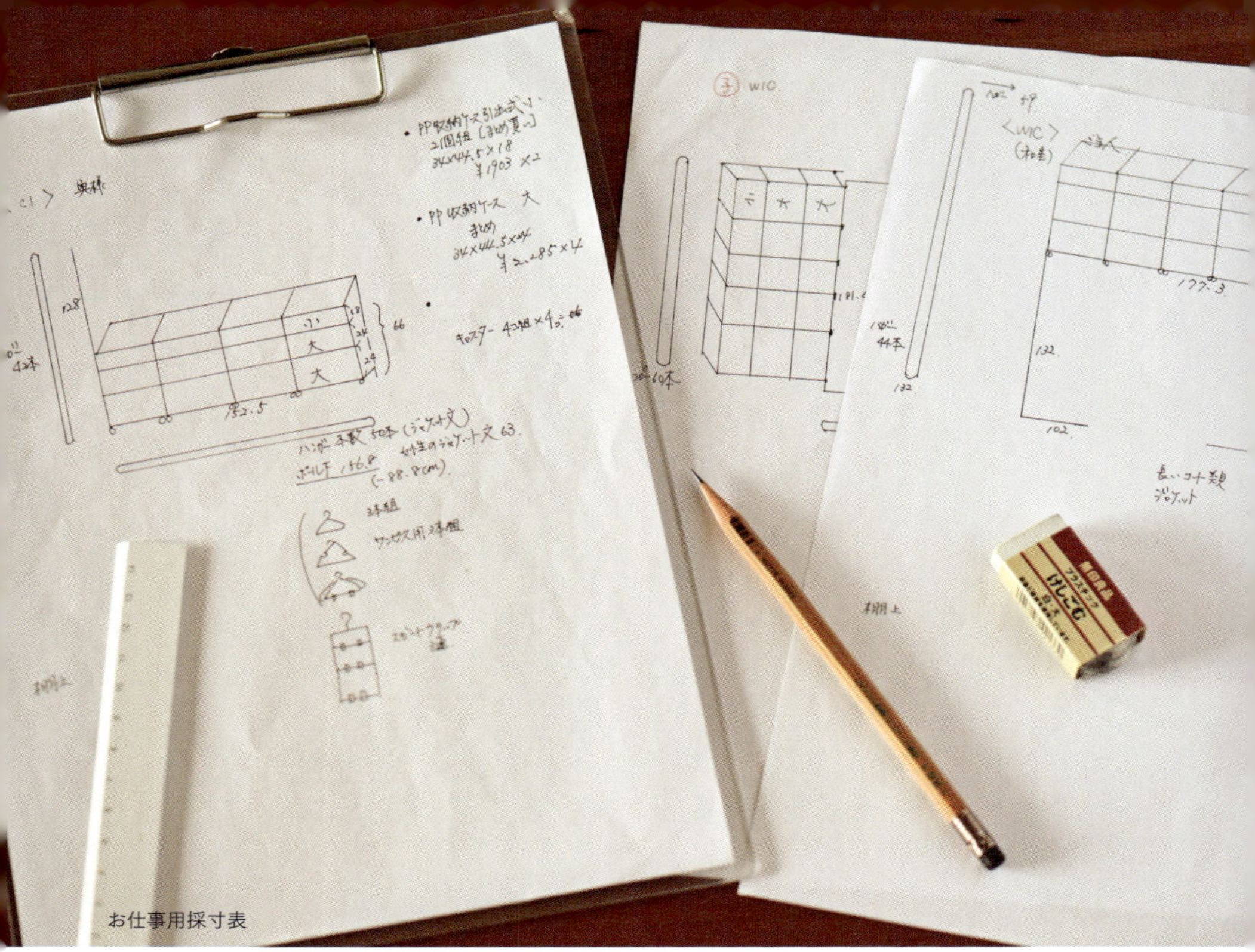

お仕事用採寸表

自宅用採寸表

収納のプロが教える

Rule
02

ベースは2色、アクセントは1色

なりたい部屋のイメージを明確に色をしっかり決める

色の使い方次第で印象は随分変わります。わが家のリビングのベース色は茶色と白、アクセント色は赤。ベース色の茶色は買い替えがしにくい家具の色がメイン。白はカーテンや小物など比較的替えやすいもの。アクセントの赤は入れ替えやすいものを選択。家具や装飾の高さを低く、前面をそろえることで視覚的に広く見せる効果が。キッチンのメインカラー白は狭い空間のキッチンに奥行を持たせ、広く見せる効果もあります。

Point 1

色は欲張らずに少な目がいい

色をまとめること、家具や装飾の高さを低めに合わせてまとめることで、お部屋はスッキリ！　コーディネイトもラクに。

Living Dining
リビングダイニング

Kitchen

キッチン

ZOOM

Point 2

白を基調に清潔感あるキッチンに

狭いキッチンは膨張色の白で統一して奥行を出し、少しでも広く見えるように工夫。白は汚れがわかりやすく、すぐにふき取れる。

収納のプロが教える

Rule 03

使うときのことを考えて収納

使う場所に使うものを取り出しやすくしまいやすく

ものの定位置を決めるとき、使う場所がベストポジションです。使いたいときにすぐに取り出せて、使い終わったらすぐにしまえる。その距離が近ければ近い程、散らかりにくいのです。距離が遠ければ使い終わってその場所に返す途中で不意に置いてしまうことも。だから毎日使うものだからこそ、ものを取り出す、使う、しまうというアクション数をなるべく少なくしましょう。ストックも近くに収納！補充もストックもラクになります。

Living Dining
リビングダイニング

Working Space
ワーキングスペース

Entrance
玄関

Kitchen キッチン

Powder Room 洗面所

Point 1

はさみは各部屋にあると便利

いろいろな場所で必要になるはさみ。その度に取りに行くのも戻すのも、とても効率が悪いもの。使うシーンごとに、はさみのサイズや形態で置く場所を考えれば、生活がとてもスムーズに。

小林家のストック総チェック！

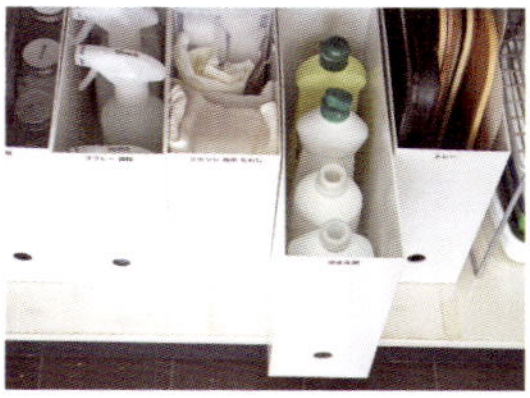

キッチン洗剤、キッチンペーパー（キッチン）

洗剤は白い容器のものを１本ストック。なくなってから買い足し。キッチンペーパーは予備ゼロになってから２本組を購入。

小雑巾、石けん（洗面所）

使い古した雑巾をカットしてストック。さっとふいて捨てられて便利。

トイレット ペーパー（トイレ）

２倍巻き６ロールのペーパーなら、狭いスペースにもスッキリ収納。

シャンプー、リンス、ボディーシャンプー、乳液（洗面所）

シャンプー、リンスは容器に詰め替えて保存。なくなってから購入。それぞれ１本ずつストック。

Point 2

ストックは使う場所に少な目に置く

余分なものが多い家は、ストック数が莫大にあることが多い。本当に必要でしょうか？　消費サイクルを今一度、確認してみましょう。

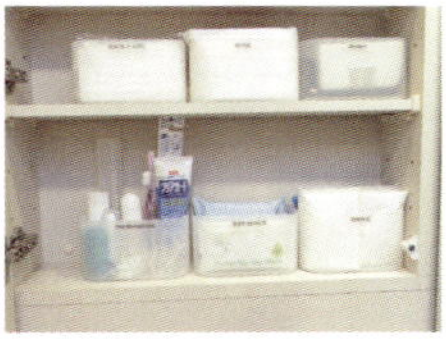

衛生用品（洗面所）

おでかけ前に必要になりそうな衛生用品は、鏡裏のメイクボックスにグループごと入れて収納。

小林家のストック一覧表

Item	Quantity
洗濯洗剤	1
食器洗い洗剤	1
柔軟剤	1
ハンドソープ	1
酸素系漂白剤	0
歯磨き粉	1
塩素系漂白剤	1
歯ブラシ (M)	4
浴室洗剤	0
卓上用ティシュー (M)	1
セスキ炭酸シート	1
トイレットペーパー（2倍巻き6個入り）	1
石けん	4
キッチンペーパー	2
シャンプー	1
リンス	1
ラップ材	1
アルミホイル	1
クレンジング (M)	1
化粧水 (M)	1
乳液 (M)	1

収納のプロが教える

Rule 04

使う頻度《ひんど》で収納。ゴールデンゾーンの法則

ゴールデンゾーンに置くものを選ぶことこそが快適

空間に何となくものを置いてしまうと、いざ使いたいときにさっと取り出せなかったり、しまいにくいと置いたままになってしまい、何となく乱れていきます。その結果使いにくい動線に。そんなとき大切なのが、ゴールデンゾーンを基準にものの配置を決めることです。「よく使うものを一番取り出しやすい位置に収納」。本当に使うものだけを数を絞って収納し、詰めこみは厳禁です。それから他のものを使用頻度順に収納します。

【ゴールデンゾーン】
腰から目の高さで、手を伸ばせば届く範囲のこと。

食器棚

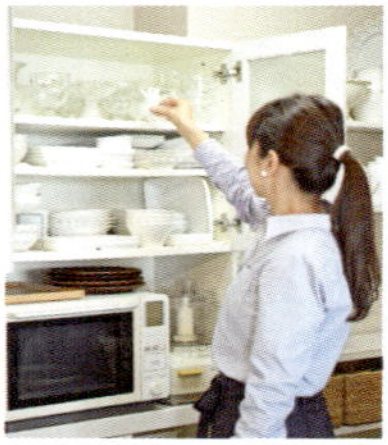

よく使う食器はゴールデンゾーンにまとめ、取り出しも収納もアクションを少なく。

Kitchen
キッチン

レンジ右側の引き出し

ジャストサイズの容器に調味料を。レンジ側3列は加熱調理に使うものを配置。

Point 1

ゴールデンゾーンを考える

よく使うものをゴールデンゾーンに配置することで出し入れがラクラク。これを基準にその他のものを配置していけばスッキリ！

よく使う、ときどき使う、ちょっと先に使う。使用目的で分類

Point 2

奥が深いスペースの活用法

手前にはよく使うものを、奥の棚にはオフシーズンのものを収納。バッグは使用頻度で右から順に置き、手を伸ばして取り出す。

Point 3

手前20cmに よく使うものを収納

引き出しの中も使用頻度で仕分け。急いでいるときもサッと取り出せる。１シーズンで使うＴシャツは、とにかくこれだけ！

Closet クローゼット

Pantry 収納庫

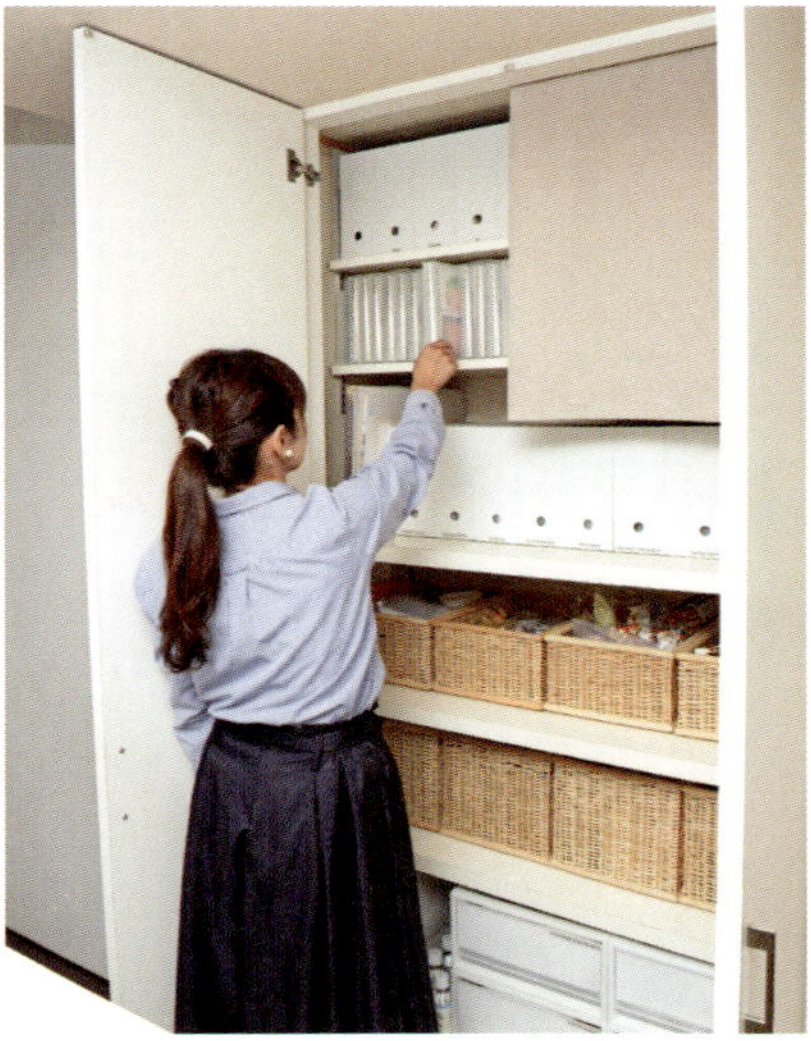

ラベリングすれば一目でわかる

家族共通でよく使うものはゴールデンゾーンに。特に使用頻度の高いものは右扉側にまとめ、軽いものは上に、重いものは下に収納。種類ごとに収納すれば探しやすい。

収納のプロが教える

Rule 05

ものを取るまでのアクション《行動》数を少なく

使うときのことを考えて収納場所を決める

ものを取るまでのアクションを考えて収納場所を決めれば取りやすさも、しまいやすさも格段によくなります。取りやすさと、しまいやすさはイコールなのです。ものを使うシーンを考えてみましょう！　使う場所の近くにしまうとすぐに取り出せて、すぐに使える場所が見つかります。「取る」という１アクションがベストですが、すべてのものというと難しいので、３アクションまでに収めましょう。

1 Action

1. 取る

Living Dining リビングダイニング

娘がソファ周りでよく使う文具類はテーブル下に。
１アクションで出し入れしやすい。

Kitchen
キッチン

頻繁に使うザルや布巾、ゴム手袋は吊るしてすぐに取れる位置に。乾燥もできて便利。

Children's Room
子ども部屋

よく使うバッグはすぐに取り出せる場所にセット。床置きを防止できる。

Point 1

1～3アクション

アクション数と見せる収納、またはしまう収納のバランスを考えて配置すれば、機能面も審美性も納得の収納に。

Point 2

ステップ数（ものまでの歩数）も少なく

使う場所としまう場所の距離を近くすれば、ムダな動きがなくなりスムーズに。

2 Action

1. 引き出しを開ける　2. 取る

Kitchen キッチン

レンジ側に立って右手で開けて取り出す、２アクション。調理中、右手で取りやすい配置。

Powder Room 洗面所

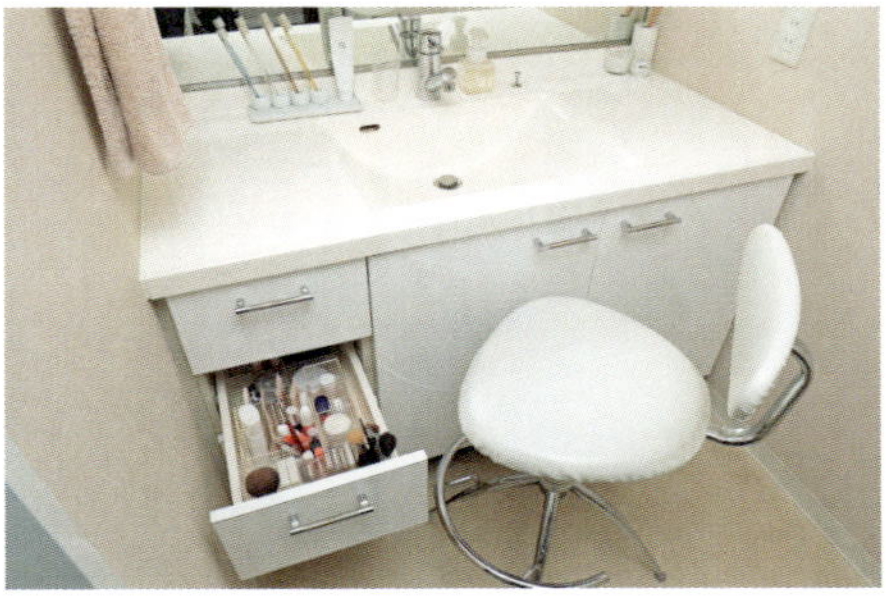

イスに座って左手で引き出しを開けて取り出す。よく使うものを手前と右側に配置。

3 Action

1. 扉を開ける　2. 引き出しを開ける　3. 取る

Powder Room 洗面所

下着類はあえてアクション数を増やし、見えにくい場所に収納。名前のラベリングで一目でわかる。

Pantry 収納庫

使用頻度が低いものは３アクションに。使いたいときにはすぐに取り出せるアクション数。

収納のプロが教える

Rule 06

目的別ラベリングで、家族も一目瞭然

ラベリングは片づけの最終目標

ラベリングすることは、片づけをする上での最終目標だと思います。ラベリングするためには定位置を決めなければなりません。そしてものが適切に分類整理されていなければ、タイトルをつけることはできないのです。自分が家にいなくても、家族や知人にものの所在を明確に説明できることこそが片づけ！それがラベリングの意味だと思うのです。つける作業は大変でも、その後はずっとラクでおしやれな暮らしが実現できます。

＼スマホアプリでラベルが作成できる！／

P-TOUCH CUBEを使ってラベルを作成

STEP 1

専用アプリ「P-touch Design &Print」をダウンロード

STEP 2

ラベルのカテゴリーを選択

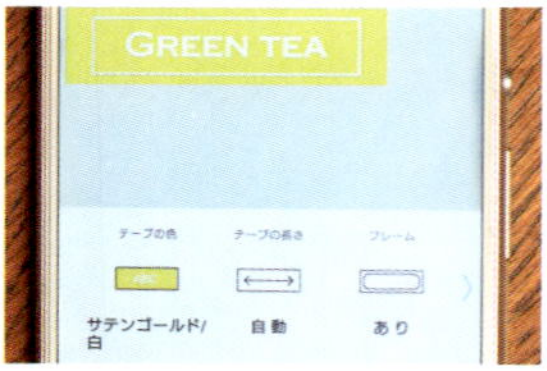

STEP 3

ラベルデザインを選んで、デザインやフォントをアレンジ

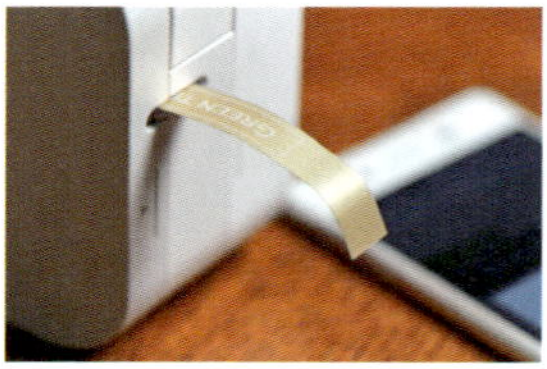

STEP 4

最後に印刷をクリック

STEP 5

センターに来るようにラベリング

●用意するもの

- P-TOUCH CUBE（ブラザー）
  型番　PT-P300BT
  W11.5cm×D6.1cm×H11.5cm
  （お試しテープ２本付き）
- カートリッジテープ

Point 1

気分が上がるラベリング

お店の商品に貼ってあるおしゃれなお気に入りラベルを参考に、たくさんあるデザインの中から選んで作成。ラベルを貼ったものが、さらに素敵に見えますように！

＼ 小物をもっとおしゃれにデザイニング ／

小林家のラベリングギャラリー

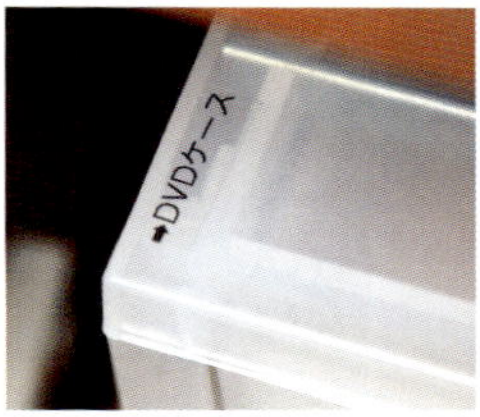

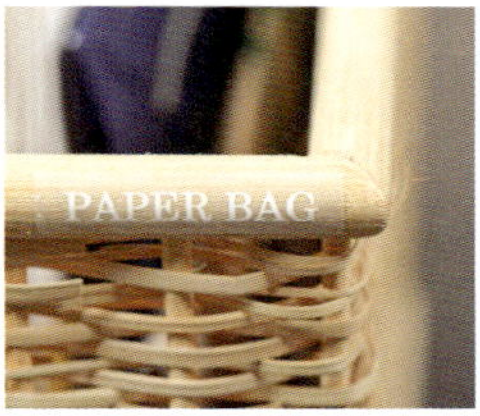

Point 2

デザインやフォントもモノトーンで

容器の色、中に入れるものの色や使う場所のイメージに合わせて選んで。いくつかを並べて置くときは、実際その場に並べて貼りつければ、ラインがそろってきれいな仕上がりに。

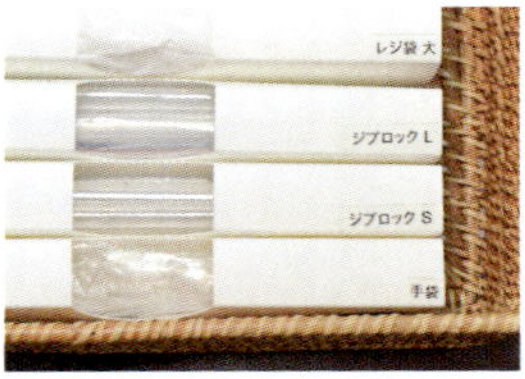

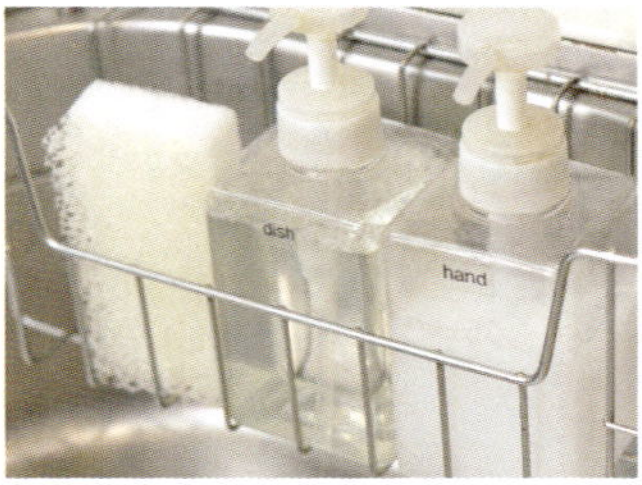

小林さんの1日のスケジュール

朝イチは洗濯からスタート！　面倒と思わず、毎日こつこつと続けることが、家をきれいに保つ秘訣ですね。習慣になると意外と家仕事が楽しくて……。きれいになれば、家事もラクになり、自分の時間も増えます。

	A schedule on the 1st
5:30	起床。洗濯。朝食。お弁当作り
6:15	朝食
7:00	食器洗い。洗濯干し
7:30	掃除（お部屋、お風呂、洗面所、トイレのモップ・雑巾がけ）。 メイク（ひとつ塗ったら時間をおいて、合い間に掃除）
8:30	お仕事へ（出発時間で一番多い時間）
17:30	夕食の買い物をして帰宅。洗濯物を取りこむ
18:00	夕食の支度。お風呂の準備
19:30	夕食
20:30	夕食後片づけ。翌日のご飯の下ごしらえ。 朝にできなかったところのお掃除
21:30	入浴
22:30	マッサージ、ストレッチ、腹筋。翌日が雨の予報なら洗濯して乾燥
23:15	翌日の持ち物チェックと準備
23:30	就寝

Part
2

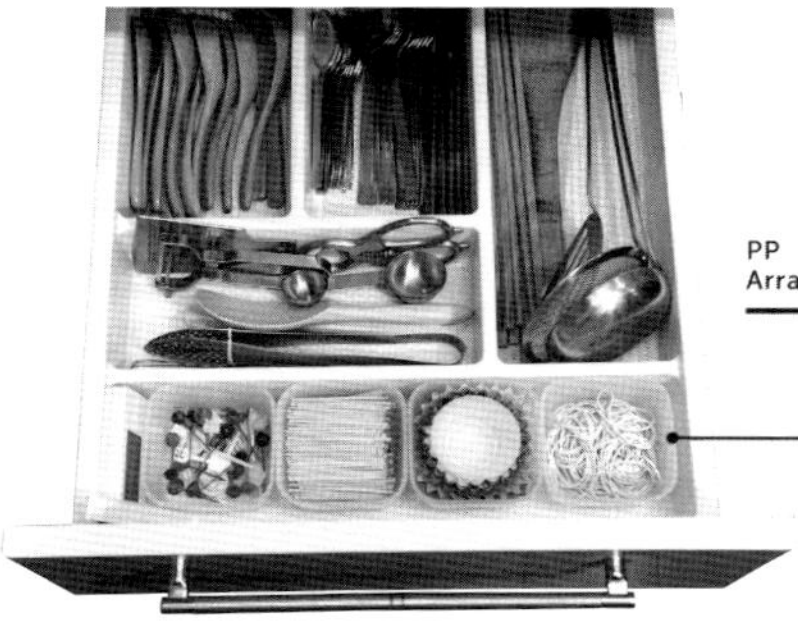

これならマネできる！
スッキリ片づく
収納アイデアの実例

ものを使う状況と使いやすさから、もののあるべき場所を決め、収納されているたたずまいが、いつも気持ちよく整頓されていること。これが収納アイデアの基本にあります。

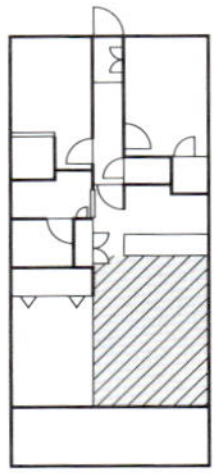

12.1帖

Living Dining

リビングダイニング

北欧家具に無印良品のシンプルさをミックスしたリビング。収納もしやすく、茶系で統一したスッキリとした空間。アートパネルがアクセント。家族が集う落ち着いたお部屋。

狭くても広々快適に過ごせるリビング

色のトーンを合わせて、北欧ナチュラルにまとめたお部屋です。家族4人が集まっても、12帖という狭さを感じません。収納家具はAVボードとサイドボード（チェスト）のみ。品質の良いものを選び、必要なものだけをしっかり収納しています。「隠す」収納が広々とした空間を生むコツ。引き出しひとつひとつにラベリングしておけば、家族でも一目瞭然。家はものではなく、人が主役。ものに占領されない、心地よい人のための空間なのです。

片づかない原因

- いろいろなものが集まってしまう
- ものが多く散らかりやすい
- 何となくものが置きっぱなしに

スッキリ解決！

- リビングで使用するもののみに厳選
- 収納スペースにものを収納する
- 定位置に必ず戻す

リビングテーブルの周辺

家族で使うものは、ひとまとめにわかりやすく

整理ボックスで種類別に分類。入れすぎないよう数を絞って。

Ⓜポリプロピレン整理ボックス２　¥160、ポリプロピレン整理ボックス３　¥200（P71参照）

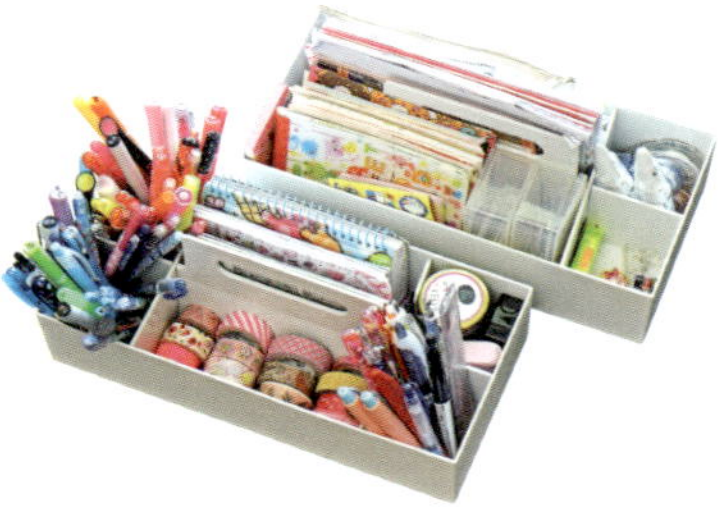

持ち運びやすい子どもグッズ

散らかりやすい小物もスッキリまとまり一目瞭然。分類が可能な仕切り板を有効活用。

Ⓜポリプロピレン収納キャリーボックス・ワイド・ホワイトグレー　¥1,000

AV機器を一段に集約

複数のコードをEVAケースにそれぞれまとめておけば、持ち運びにも便利。

ⓂEVAケース・ファスナー付・B6　¥105

旅先にもこのまま持ち出して

AV Board (W71cm × D43cm)

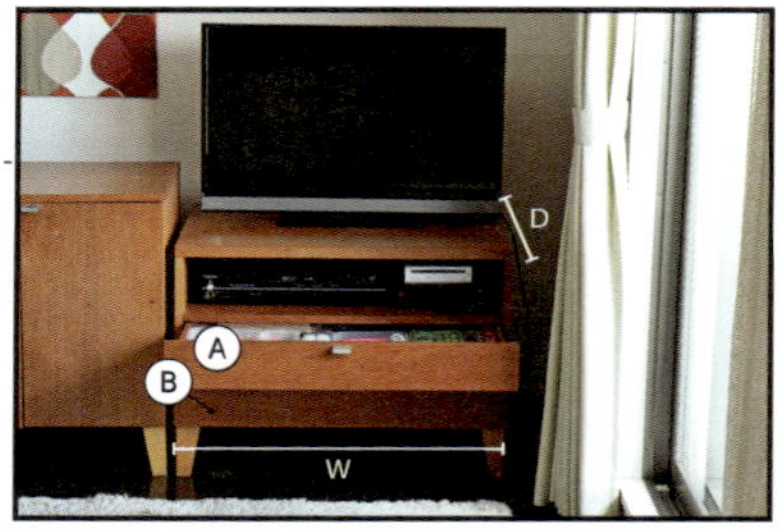

ソファーの周辺

デッドスペースを有効活用

リビング学習の道具をひとまとめに。後ろはソファー関連のものを収納。

Ⓜ重なるラタン長方形バスケット・大　¥3,600／重なるラタン長方形バスケット用フタ　¥1,000

サイドボード脇に置くことも

アロマと照明がひとつで

お気に入りはラベンダー＋スウィートオレンジ。スツールにのせて高さを出して。

Ⓜ超音波うるおいアロマディフューザー　¥6,900、エッセンシャルオイル・ラベンダー　10mℓ　¥1,400、エッセンシャルオイル・スウィートオレンジ　10mℓ　¥900

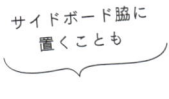

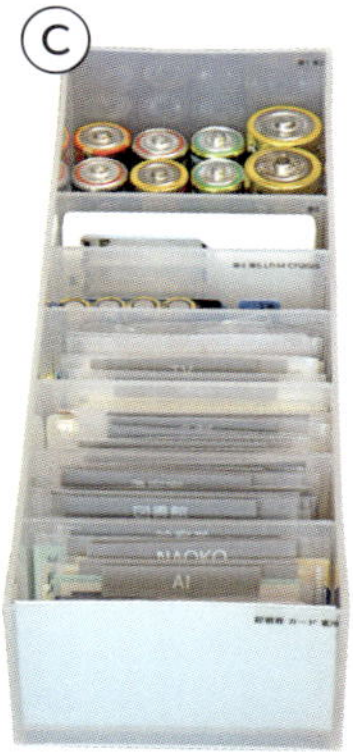

上段

家族が使うものは定位置を決めて

Ⓒ 診察券、ポイントカード、名刺に見出しをつけて収納。奥に電池をストック。

Ⓜポリプロピレンケース・引出式ハーフ・浅型・1個（仕切付） ¥800

Ⓓ 薬箱。左がよく使う薬、右に貼り薬、塗り薬。子どもが使用するものは手前に。

Ⓜポリプロピレンケース・引出式浅型・2個（仕切付） ¥1,200

Sideboard (H53cm × W62cm × D39cm)

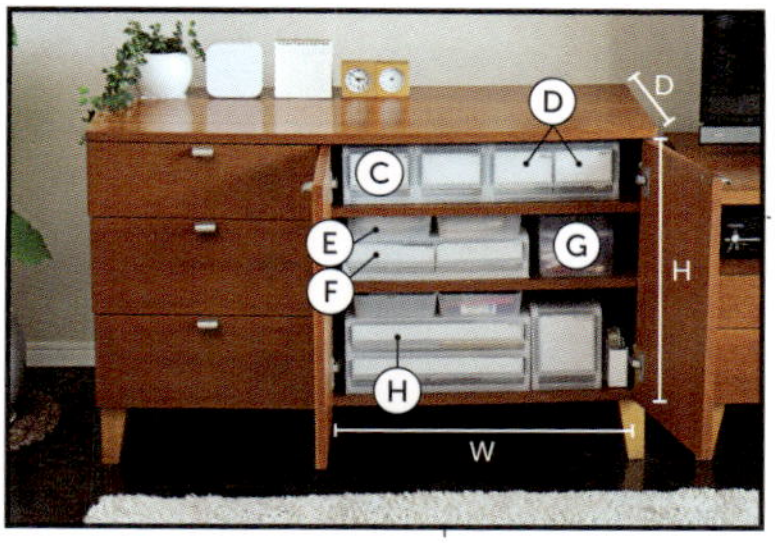

中段

ひとりずつこのまま持ち出せる！

使うときのことを考えてグループで収納

Ⓔ 診察券、母子手帳、お薬手帳を家族ひとりずつEVAケースにまとめて。

Ⓜポリプロピレン整理ボックス3 ¥200、EVAケース・ファスナー付・B6 ¥105

Ⓕ 事務用品一式。クリップなどは分類して石けんケースに収納。

Ⓜポリプロピレンケース引出式・横ワイド薄型・2個 ¥1,200、ポリプロピレン小型石鹸ケース ¥126

Ⓖ 祝儀・不祝儀袋、筆ペン、ふくさ、数珠をまとめておけば、いざというときに便利。

Ⓜポリプロピレンメイクボックス・1/2 ¥350、ポリプロピレンメイクボックス・1/4 ¥250

下段

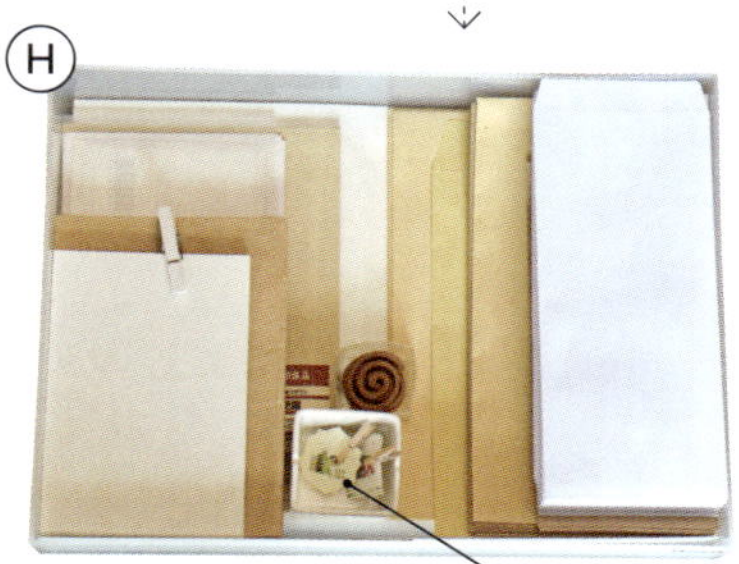

手紙に必要なものをひとまとめに

便せん、封筒、切手、ハガキ。お香を一緒に入れて。

Ⓜポリプロピレンケース引出式・横ワイド・薄型 ¥900

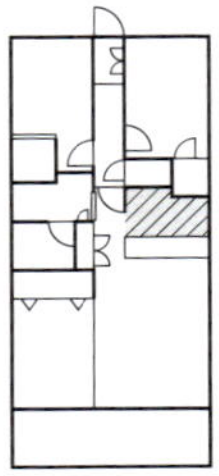

3.4帖

Kitchen

キッチン

狭くてもスッキリと使いやすいのが自慢。本当に使うものだけを厳選して、毎日の台所仕事がラクにできる時短キッチン。白で統一しておしゃれでさわやかに。

1日で多くの時間を過ごすキッチン

必要最小限のアクションで動作を行える収納を考えています。スーパーで捨てられる容器やパッケージはなるべく処分して、キッチンには余計なものは持ちこみません。すぐに調理する、ストックすることを頭に入れています。すぐに食べる食材は目につく場所に、賞味期限が長いものと区別して保管。管理する場所を少なく、家事をスムーズにしています。

調味料やドレッシングの容器も統一してラベリング。容量とサイズをしっかり採寸して、容器を選びます。透明なものをセレクトして残量をわかりやすく、なおかつおしゃれに収納しています。キッチンは白、クリア、シルバー、ラタン。白以外の色は買いません。

片づかない原因

- シンクの下がいつもごちゃごちゃ
- 調味料、調理道具が取り出しにくい
- 冷蔵庫の整理ができていない

スッキリ解決！

- 使う場所に最小限のものを収納する
- スペースを採寸して容器をそろえる
- 賞味期限でおおまかにグループ分け

レンジ上

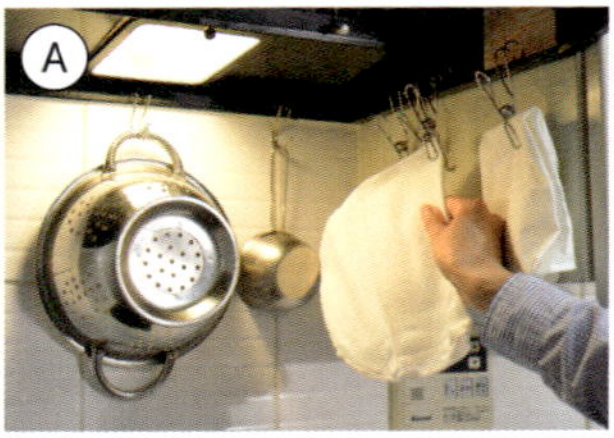

Ⓐ **壁面収納をぜひ活用して**

吊り下げ収納は乾燥も早い。よく使うものは吊り下げ収納に。布巾やゴム手袋を乾燥できて清潔。

Ⓜステンレスひっかけるワイヤークリップ（4個入）¥390、ステンレス横ブレしにくいフック・小（3個入）¥350

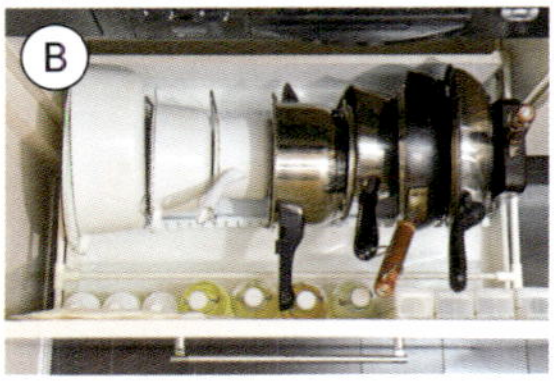

レンジ下

Ⓑ **ガスレンジで使うものを集約**

鍋、フライパン、液体調味料、ラップ類を一段にまとめて家事効率アップ！

レンジとシンクの間

上段

手前によく使う調味料を収納

中段

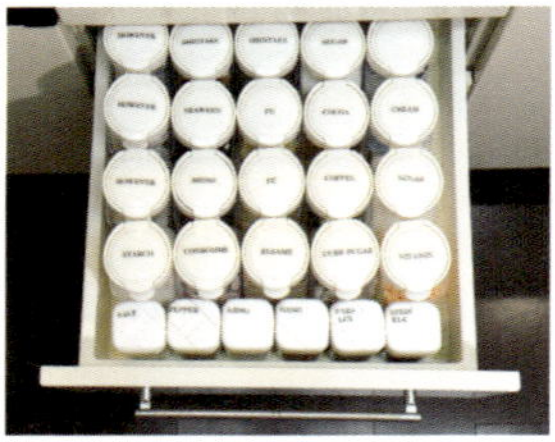

下段

キッチンツール、調味料はこれだけ！

上段　素材をそろえて最小限に。形を合わせればスッキリ。カップ類はケースにまとめて。

Ⓜポリプロピレン整理ボックス1　¥80

中・下段　採寸してサイズピッタリに密閉容器をセット。透明で残量が見えるのでストレスフリー！

ⓄSeria　［中段］タケヤ化学工業　フレッシュロック角型500mℓ　［下段］タケヤ化学工業　フレッシュロック角型1.1ℓ

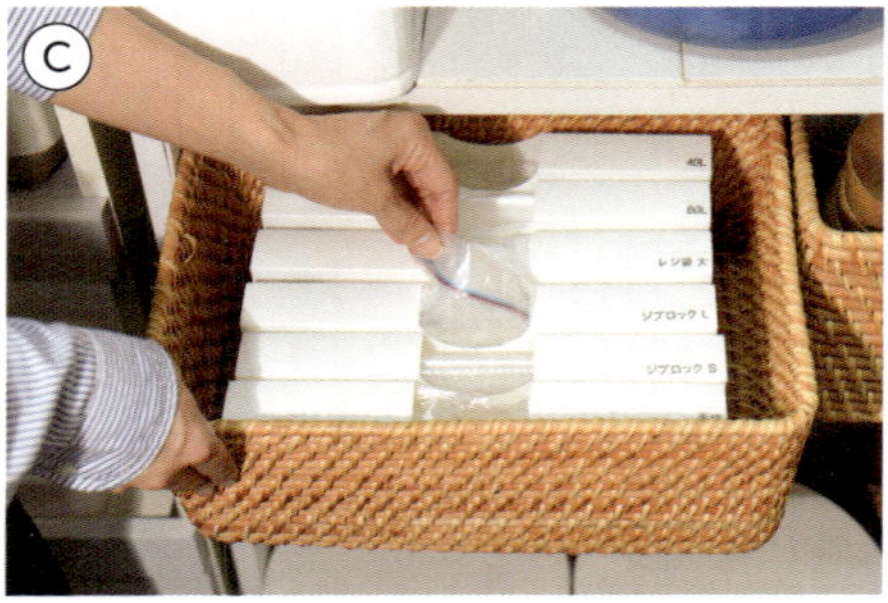

袋類はケースに分類

増えてしまいがちなレジ袋、ゴミ袋などは数を決めて収納。ケースにまとめてスッキリ！

Ⓜ重なるラタン長方形バスケット・中　¥2,900

アクリル仕切棚で
収納力アップ！

食器はこれだけで充分

奥の食器も取り出しやすいように、手前は低く収納。

ケチャップ、
マヨネーズ、ソース

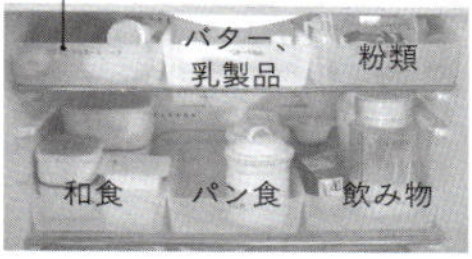

上段

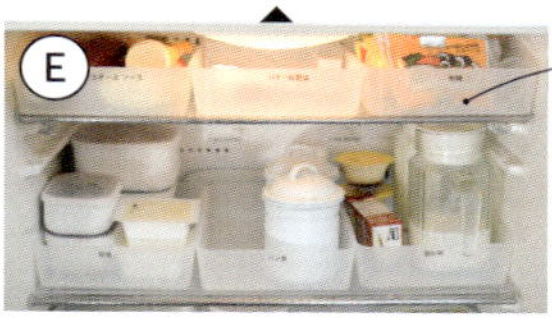

ZOOM

このまま
食卓へGO！

中段

下段

賞味期限の表示を
見やすい位置に

Fridge
(W60cm × D65.7cm × H141.9cm)

Ⓜ電気冷蔵庫・270L　¥100,000

冷蔵庫内は用途ごとに仕分け

Ⓔ 調味料を整理ボックスにまとめて。液だれしてもボックスのみ洗えばOK。カテゴリー分けで食品がわかりやすい！　賞味期限が長いものは上部に。

Ⓜポリプロピレン整理ボックス3
¥200

Ⓕ すぐに調理するもの、賞味期限が短いものをまとめて。ステンレストレーは夕食の材料をセット。それぞれに使用するものを仕分けて、調理するときは、ボックスごと取り出せて家事効率アップ！

Ⓖ 肉類と魚類をケースふたつに分類。買いこみを防止して食品をムダにせず使いきる。すぐに食べないものも半冷凍で保存。

ⓄIKEA

ケースで仕切り使いやすく

Ⓗ 冷蔵したいお菓子はケースにまとめて上段に。野菜は新聞紙にくるみ保存袋に入れて。

Ⓜポリプロピレンメイクボックス　¥450、同・1/2　¥350

Ⓗの下 容器ごとに種類で分類。ラベリングした保存容器に入れてから収納すれば、食品を探しやすく汚れ知らず！

ⓄSeria

野菜室

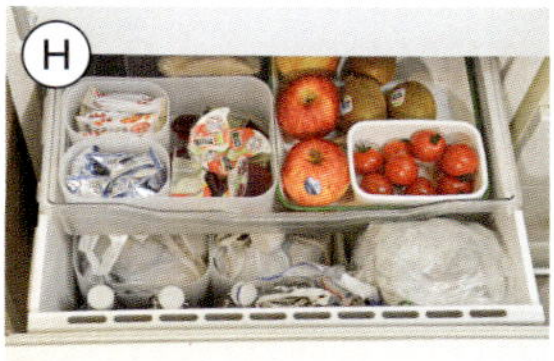

冷凍庫

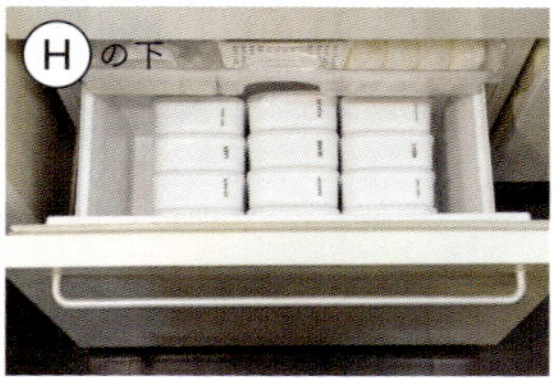

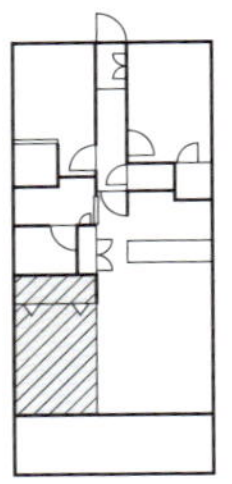

6帖

Working Space & Closet

ワーキングスペース&クローゼット

クローゼットに必要なものを収納して、お部屋にはものを置きません。ハンガーの数しか、洋服は持っていません。スッキリとした空間作りで、動線も着がえも完璧です。

動線を考え身支度を時短に！衣替えもここだけで完結

今の間取りだと自分のお部屋が持てないので、クローゼット（物入れ）を自分専用の空間にしました。中段がデスクがわりで、その奥には手芸用品とお仕事の道具を収納しています。左側は洋服やバッグ、季節家電、飾り物を収納しています。オンシーズンのものは右側と手前に、オフシーズンのものは左側と奥に収納。この場所で身支度が完結するようにすべてまとめています。衣替えも使いやすい位置に小移動するだけです。管理するものが少ないので、いつもきれいな状態を保つことができます。

片づかない原因

- スペース以上のものを持つ
- 分類ができていない
- 定位置が決まっていない

スッキリ解決！

- 必要なものを厳選する
- よく使うものと控えを分類
- 定位置に必ず戻す

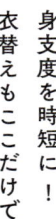

Working Space
(W97cm × H100cm × D80cm)

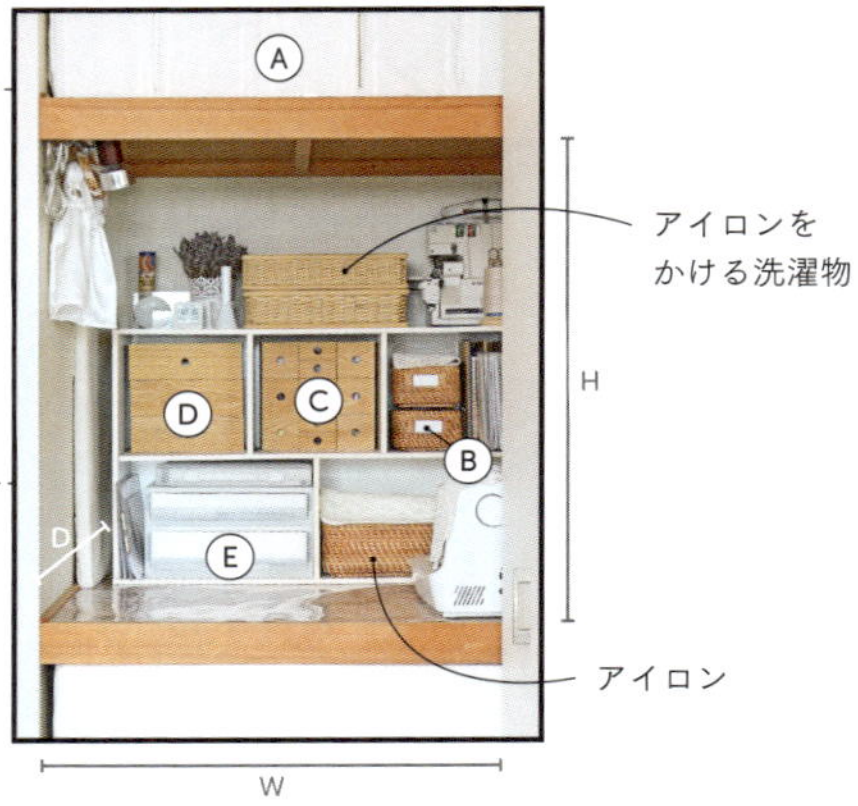

寝具は立てて取りやすく

シーツなどよく使うものを左に。かさばる毛布は圧縮して。１個に１シーズンのものを収納。

ⓄIKEA

アクセサリーは
これだけ！

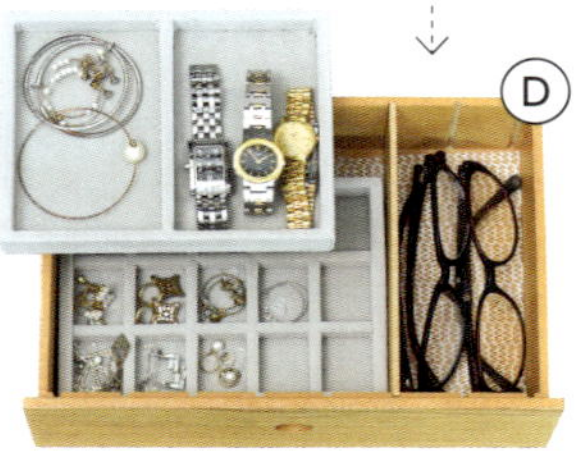

アクセサリーのからまり、一切なし！

よく使うものは上段と手前に。仕切り板をはずせて便利。

ⓂMDF小物収納１段　¥2,000、重なるアクリルケース用・ベロア内箱仕切・格子・グレー　¥1,000、同・ベロア内箱仕切・縦・グレー　¥600

仕切り板で引き出し機能

散らかりやすいものをコンパクトにまとめる。下段のコードもワンアクションで取れる。

Ⓜラタンボックス取っ手付スタッカブル　¥1,500

手芸道具はパーツ収納が便利

１引き出しに１アイテム。針や糸などよく使う裁縫道具は下段に。

ⓂMDF小物収納３段　¥2,500、MDF小物収納６段　¥3,000

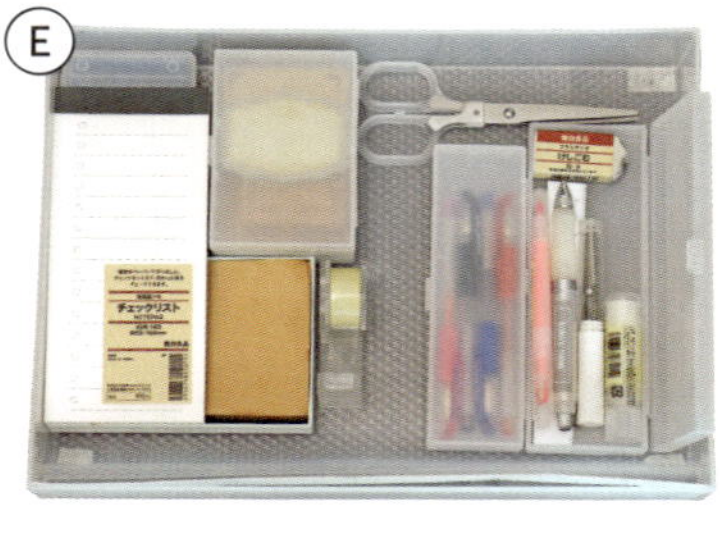

中身が見えて
一目瞭然！

文房具はペンケースにまとめて

そのまま持ち出せて便利。引き出しがこんなにスッキリ！

Ⓜポリプロピレンケース引出式・横ワイド・浅型　¥1,000、ポリプロピレンペンケース（横型）大　¥263・小　¥189、ポリプロピレン救急用品ケース　¥231

使用頻度の低いものにラベリング

１ボックスに１アイテム。しまいこまず天袋にわかりやすく収納。

Ⓜポリエステル綿麻混・ソフトボックス・角型・小・フタ式　¥1,500（右）

Closet (W127cm × H180cm)

キャスターつきで使いやすく

バッグはボックスの数だけ

ズレ防止に右ボックス下に両面テープで固定。スペースに合わせてボックスをチョイス。

Ⓜポリプロピレンファイルボックス・スタンダードタイプ・ワイド・A4用　¥1,000、ポリプロピレンファイルボックス・スタンダードタイプ・A4用　¥700

ニットはこのたたみ方でシワなし

シワになりやすいものは上に。入れすぎないことがポイント。不織布ケース（P80参照）でひっかかりなし。

Ⓜ重なるブリ材長方形バスケット・大　¥1,700

手前20cmによく使うものを

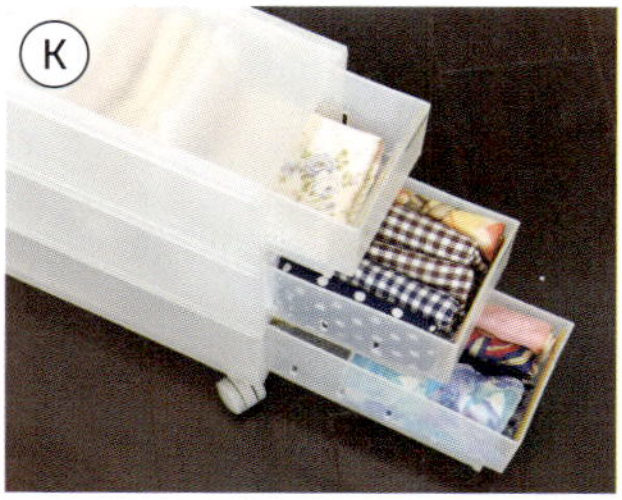

見やすく、選びやすく、取りやすく

クローゼットで身支度が完結。タオル、ハンカチ、スカーフをそれぞれ収納。

Ⓜポリプロピレンケース・引出式ハーフ・浅型・１個（仕切付）　¥800、ポリプロピレン収納ケース用キャスター４個セット　¥400

オールシーズンのものはこれだけ

ケースに合わせてたたんで立てて収納。オンシーズンを手前に。オフシーズンを奥に収納。

Ⓜポリプロピレン収納ケース用キャスター４個セット　¥400、ポリプロピレン収納ケース・引出式・小　¥1,000

１シーズンの洋服はこれだけ！

洗濯したものは取りこんでそのままクローゼットへ。見やすくて選びやすいのは色別収納。

Ⓜアルミ洗濯用ハンガー・３本組（約幅41cm）¥320

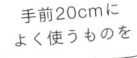

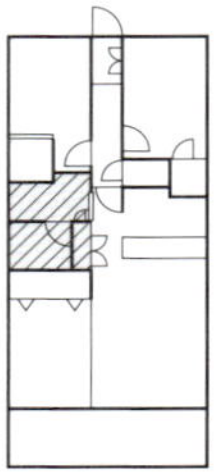

Powder Room & Bathroom

洗面所＆浴室

必要なものがすぐに取れて、しまえる！　メイクも身支度もこの場所で完成。１日のスタートとゴールをきる大切な場所。ホテルのようなシンプルで使いやすい空間作りがコツ。

引き出しや棚は、仕切りアイテムを使ってスッキリ収納

1日はここから始まりここで終わる、そんな大切な空間。狭い空間ながら、メイク、身支度、洗濯、入浴などすべてここで行います。

動線に合わせてものを配置することで、毎日の家事や身支度もスムーズに行うことができます。

きれいに保つことはそんなに難しいことではなく、自分の好きなアイテムを選んで、なるべくシンプルにすることだと思います。たくさんのものを持ってしまうと、管理もひとつひとつを大切にすること、きれいに保つことも難しくなってしまいます。

洗剤や化粧品などすぐに購入できる便利な時代だから、自分のおうちにたくさんものをため込まなくても、困ることはないと思います。

片づかない原因

・細かいものが散乱してまとまらない
・狭い空間にものがあふれ使いにくい
・買いおきが洗面台下を占領している

スッキリ解決！

・アイテムごとにまとめる
・ストックを少なくする
・引き出しや棚は仕切りアイテム収納

Powder Room

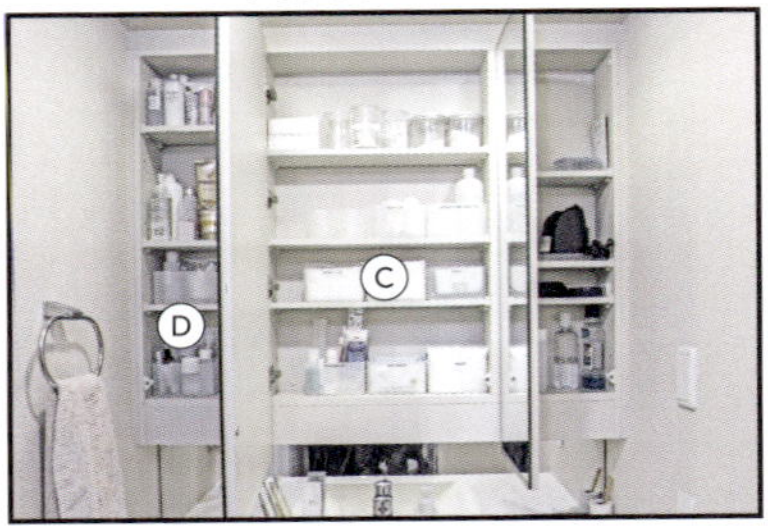

奥行がないスペースの収納

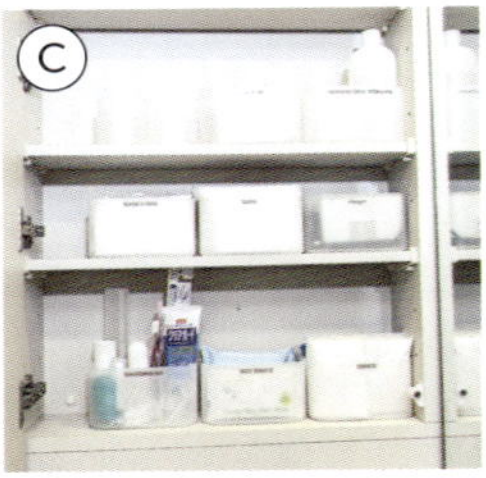

奥行13cm！ アイテムごとに仕切る

Ⓒ 家族で共有するものを、ボックスにアイテムごとラベリングして収納。

Ⓓ 一緒に使うスキンケア類はひとまとめに。上2段にその予備をストック。

Ⓜポリプロピレンメイクボックス・1/2横ハーフ ¥200

洗面台の下

Under the washbowl

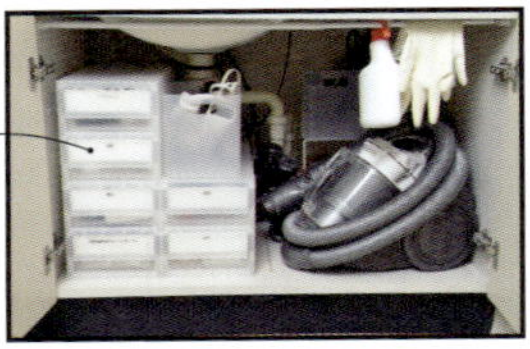

OPEN

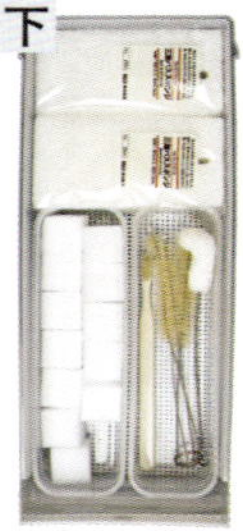

引き出しストッカーで整理

浅型のストッカーを重ねて掃除用品などの収納に。腰より低い位置で有効活用。

Ⓜポリプロピレン追加用ストッカー・浅型 ¥700

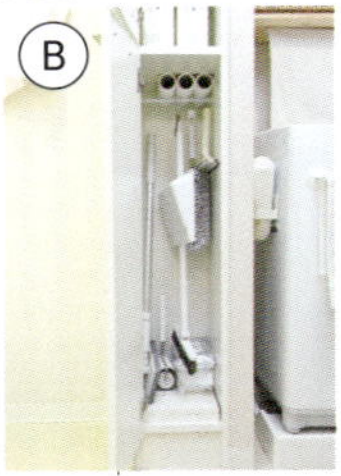

ストックも一緒に収納

Ⓐ 洗濯洗剤は同じ容器に詰め替えてラベリング。ストックは後ろにひとつだけ！

Ⓑ 掃除用具をつっぱり棒＋フックでコンパクトに。紙テープの替えも上にストック。

Ⓜ掃除用品システム・アルミ伸縮式ポール ¥390、掃除用品システム・ほうき ¥490、掃除用品システム・カーペットクリーナー ¥390ほか、ステンレス横ブレしにくいフック・大（2個入） ¥350

無印良品のダブル使い！

洗濯機の上

ZOOM

Laundry

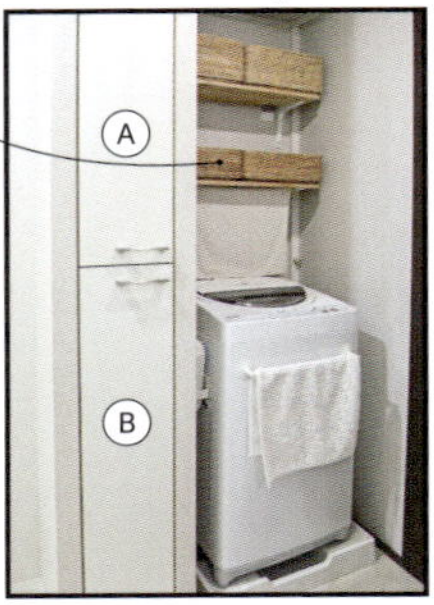

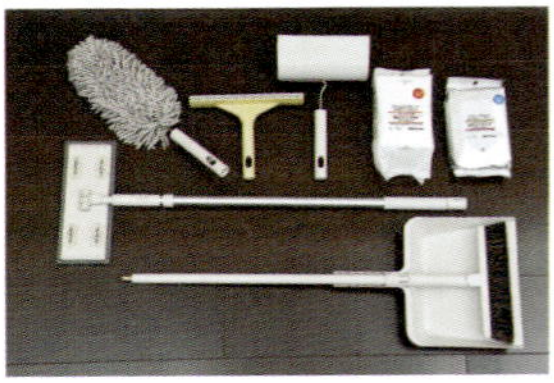

ラタンで色を統一

メイクボックスで仕切れば、水ものも収納可。

Ⓜ重なるラタン長方形バスケット・中 ¥2,900、同・小 ¥2,600、ポリプロピレンメイクボックス・1/2 ¥350、同・1/2横ハーフ ¥200

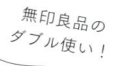

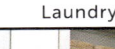

動線を考えた収納法

Bathroom

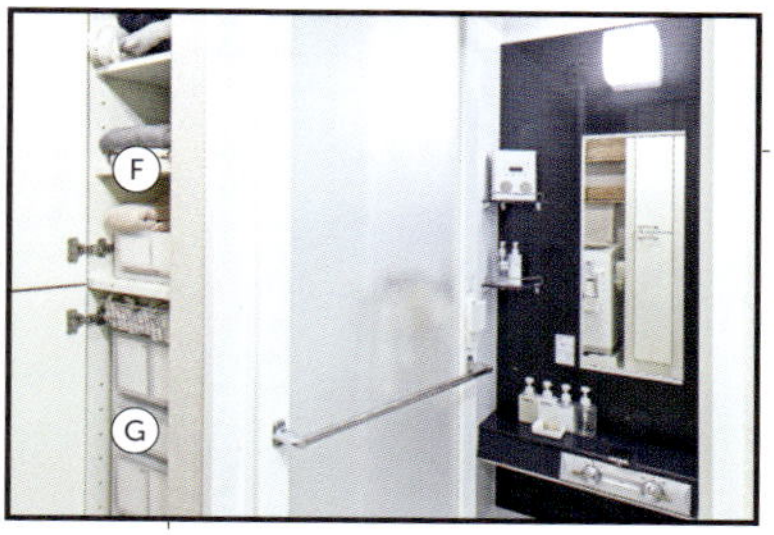

お風呂上がりに使うものをまとめて

Ⓕ 棚ごとにパジャマとタオルを収納。上段はバスタオルの予備。フェイスタオルもこれだけ！

Ⓖ 下着はケースの幅に合わせてコンパクトにたたんで。脱いだパジャマはステンレスのかごに。

Ⓜポリプロピレンケース・引出式・深型・２個（仕切付） ¥1,500、同・浅型・２個（仕切付） ¥1,200、18-8ステンレスワイヤーバスケット２　¥2,000

ひと手間でも残量がわかって便利！

かける収納でカビ予防

浴室はバーにフックをかけ、掃除用具やネットを吊るして乾燥させ、水きりとカビ防止！　色の統一感で散らかり感なし。シャンプー類はクリアな容器に入れてラベリングすれば、残量もわかりやすい。

Ⓜステンレス横ブレしにくいフック・小（３個入） ¥350、PET詰替ボトル・クリア・400mℓ用　¥280

洗面台の壁面

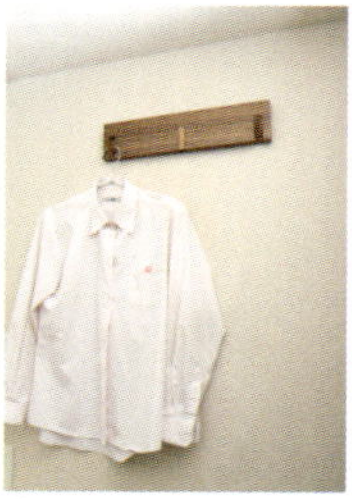

着替える場所に置く

毎朝着る子どもの制服はこの場所にセット。使わないときはフックを閉じて。

Ⓜ壁に付けられる家具・３連ハンガー・ウォールナット材　¥4,500

Under the washbowl

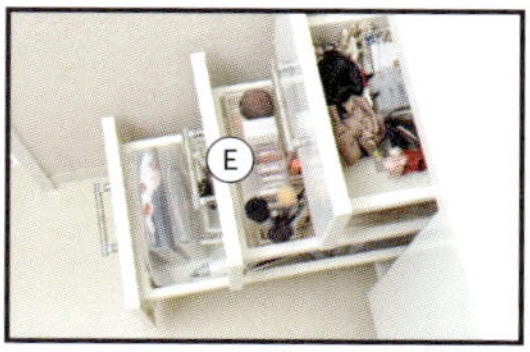

仕切りを入れて取り出しやすく

上段はヘアアクセサリー、中段はメイク用品、下段はヘア用品を。メイク用品は立ててしまえば、取り出しやすくしまいやすい。

Ⓜ重なるアクリル仕切付スタンド　¥1,200、重なるアクリル仕切付スタンド・ハーフ　¥600、重なるアクリル仕切付ボックス　¥1,800

洗面台左・引き出し

上段

中段

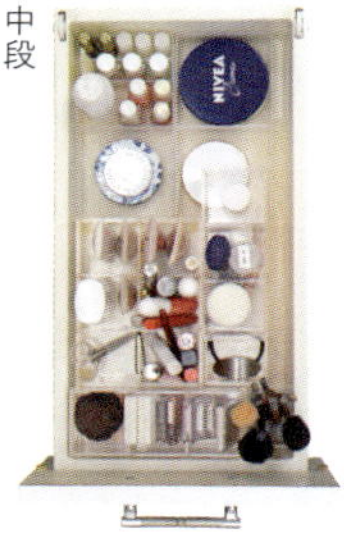

下段

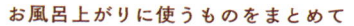

Children's Room

子ども部屋

6.1帖

姉妹で共用の子ども部屋。淡い色調で統一し、狭さを感じさせないように工夫。ふたりが平等に使える配置で、コンパクトながらも収納力もあって快適な空間に。

限られたスペースだからこそ、ルールを決めて使いやすく

ふたりで使う子ども部屋は6帖。その空間に机ふたつと2段ベッドがあります。普通ならかなり狭く感じると思いますが、机の上や床面にものを置かないというルールを決めて、広く見えるようにキープ。元々の収納スペースが少ないので、ベッド下や壁面の棚、机脇の引き出しを備えつけて収納スペースを確保しています。いくら収納スペースがあっても、ものが増えればあふれるのは当然。ひとつ買ったらひとつ捨てる。つきつめれば、「捨てられなければ買わない」ということを子どもに伝えてきたことで、必要なものしか持たない習慣が身についたと思います。1日の終わりにリセットし、翌朝は0からスタートを心がけて。

片づかない原因

- 学校の道具がまとまらない
- 机の上がもの置きになる
- 片づけても、すぐに散らかる

スッキリ解決!

- 進級ごとに見直して、ものを厳選
- 片づけやすい収納場所を作る
- リセットする時間を作る

おしゃれで見やすく

お気に入りのアクセサリーもからまることなく収納。二段使いでふたり分がスッキリ！

Ⓜ重なるアクリルケース２段・フタ付引出　¥2,000、重なるアクリルケース用・ベロア内箱仕切・格子・グレー　¥1,000、同・縦・グレー　¥600

ファイルボックスに教材を

学校のプリントや家での課題、進学書類などを３つのファイルボックスに分類整理。

棚板　W119cm×D28cm

Ⓜポリプロピレンスタンドファイルボックス・ハーフ　¥600、ポリプロピレンスタンドファイルボックス・A4用　¥700

忘れ物を防止のための場所

明日使うものは前日のうちにこのワイヤーバスケットに準備。

Ⓜ18-8ステンレスワイヤーバスケット４　¥2,600

Study Desk

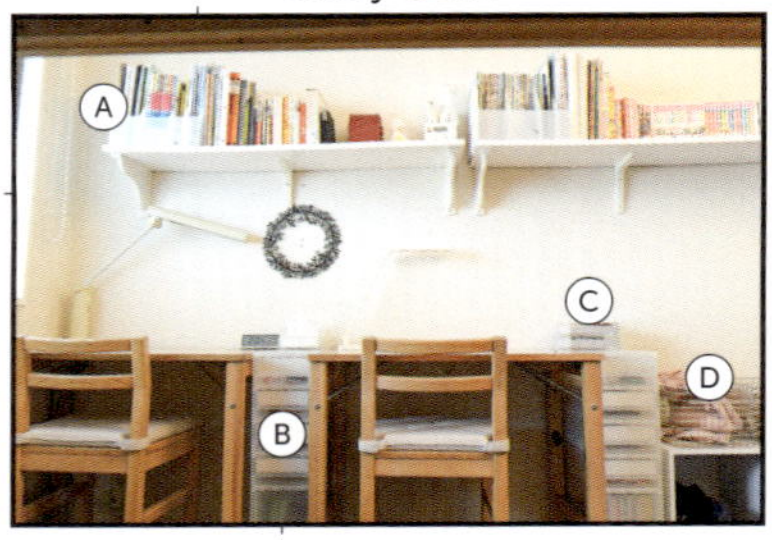

壁面の使い方

ZOOM

フックの開け閉めが自由

リースや小物を飾っても

クローゼットのとなりにつけたハンガー。翌日に着る洋服やコートをかけるのに便利。

Ⓜ壁に付けられる家具・３連ハンガー・ウォールナット材　¥4,500

５段のケースに学習用品を

ポリプロピレンストッカーを組み合わせてデスク用の引し出しに。文具もすっきり収納。

Ⓜポリプロピレン追加用ストッカー・浅型　¥700、同・深型　¥1,200、ポリスチレン仕切板・中・5枚入　¥500

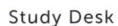

季節外の衣類はここに

柔らかいソフトボックスなら上に収納しても安心。たたみ方は衣装ケースと統一して。

Ⓜポリエステル綿麻混・ソフトボックス・フタ式・L　¥2,000

Walk-in Closet（1帖）

ZOOM

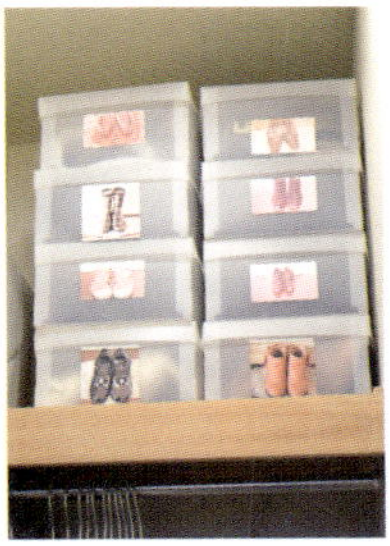

写真をラベルにして収納

ケースの両面にオン、オフの靴の写真を貼り、入れた靴の写真を表にすれば入れ替えがラク。

Ⓔの後ろの収納ワザ

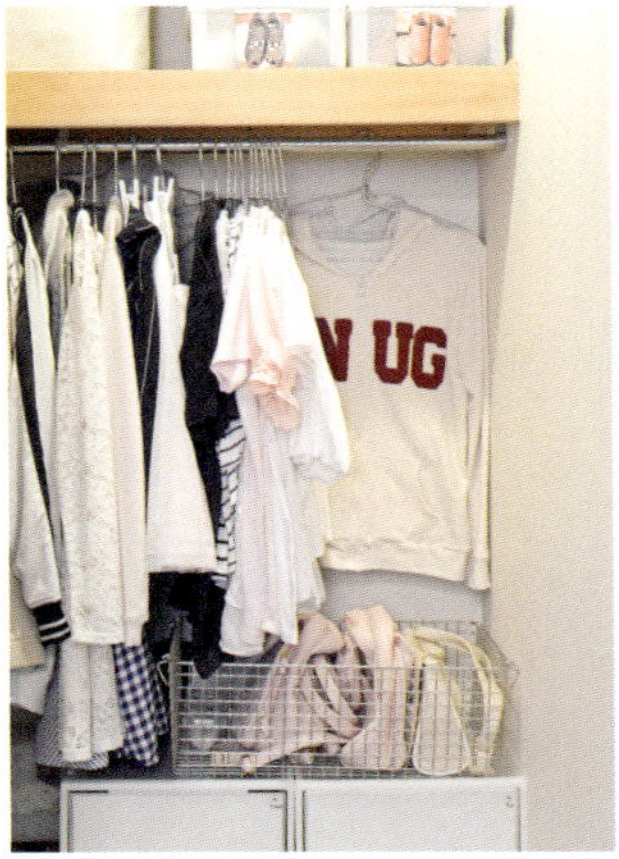

デッドスペースもアイデア次第！

奥のスペースも有効に利用

季節の変わり目で着る洋服は壁面にフックをつけてかければ衣替えいらず。

引き出しの収納

よく着る洋服は手前に

わを上にして収納すれば見やすく、さっと取り出しやすい。

Ⓜポリプロピレン収納ケース・引出式・小　¥1,500

ワイヤーバスケットの収納

休日グッズはひとまとめに

形が不ぞろいなおしゃれ小物は、見やすいステンレスワイヤーバスケットにまとめて。

Ⓜ18-8ステンレスワイヤーバスケット6　¥3,900

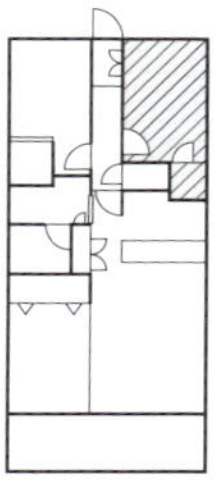

6帖

Study
書斎

落ち着いて仕事ができる主人の書斎。幅160cmのデスクが作業もしやすく、リラックスできる場所。スペースに入るだけのものしか持たない！　これがきれいを保つ秘訣。

ZOOM

座ったままでものが取れる

大きなシステムデスクとキャビネットを組み合わせ、パソコン台を兼ねたワークスペースに。

ポーチを吊るして収納に

旅行用のポーチは小分け収納に便利。家に吊るして、旅行のときはそのままたたんで持ち運びが可能。

見やすくてスッキリ！

Walk-in Closet (0.5帖)

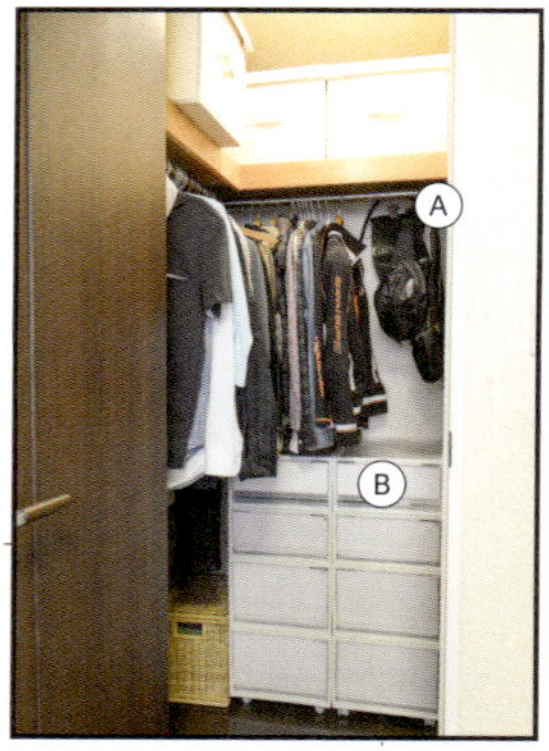

仕切りを使って小物を収納

準備がしやすいように洋服の上段にハンカチやネクタイ、ベルトをセット。

Ⓜポリプロピレン収納ケース・引出式・小　¥1,000、ポリスチレン仕切板・大・４枚入り　¥800

片づかない原因

- 洋服が多くクローゼットに収まらない
- パソコン周りがごちゃごちゃ

スッキリ解決！

- スペースに合わせた洋服の量に絞る
- 必要なものをなるべくコンパクトにまとめる

無印良品の収納を組み合わせて、しまいやすく使いやすく

書斎には無印良品の大きなシステムデスクを置き、キャビネットや壁面収納をプラスしてパソコンやプリンター、書籍などを収納しています。しまいすぎると使うときにさっと取り出せません。イスに座った状態で手の届く場所に、必要なものをまとめています。キャビネットはキャスターがついているので移動も簡単。机から出してサブテーブルとして使うこともできます。ひとつの使い方ではなく、多様に応用ができるものを選ぶこと。多くのものを買わずに、少ないもので暮らしていくひとつのポイントかもしれません。机の上もなるべくものを置かずに、スッキリを心がけています。

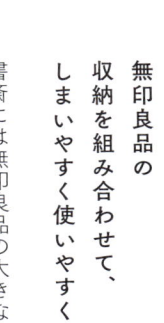

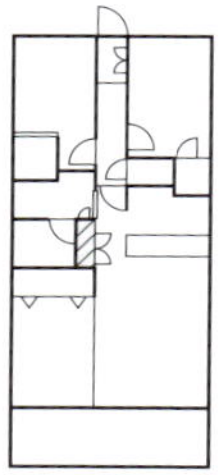

Pantry

収納庫

キッチンサイドにある一番大きな観音開きの収納庫。書類や写真、おやつや食材など家族が使うものを集めて収納。

扉を開けることが楽しくなる収納庫

この収納庫には家族が日常よく使うアイテムを収納しています。みんなが特によく使うものはゴールデンゾーンの右側に配置。ゴールデンゾーンを基準に使用頻度に応じて上下にものを収納しています。ファイルボックスには取り扱い説明書や書類、写真、雑誌などを種類ごとに分けて収納。ブリ材には主におやつや乾物類などを収めるキッチンのサブスペースとして活用。下段のケースには使用頻度が低く、重量のある防災用品や、カセットコンロや電気調理器、お菓子作りのセットなどを収納しています。何が入っているかが一目でわかるようにラベリングは必須です。

1ボックスに
1アイテム

片づかない原因

- 詰めこみすぎて取り出しにくい
- 奥行があり、うまく使えない
- 使わないものが入っている

スッキリ解決！

- 8割収納にしてスッキリ
- 採寸してスペースに合うケースを
- 1年使用しないものは処分

FREE
SAKURA
AI
WARRANTY
FAMILY PHOTO
SAKURA PHOTO
AI PHOTO
FILE NOTEBOOK
DOCUMENT
INSTRUCTIONS
MAGAZINE
CONSUMER ELECTRONICS
PRESERVED FOOD
PASTRY MAKING
PORTABLE GAS STOVE
RICE

使用頻度が低いものは上段に

子どもの思い出のものや申告書類もこちらに。カテゴリーごとにボックスに分ければスッキリ。

Ⓜポリプロピレンファイルボックス・スタンダードタイプ・A4用・ホワイトグレー　¥700

Upper Shelf
(H100cm × W107cm × D35cm)

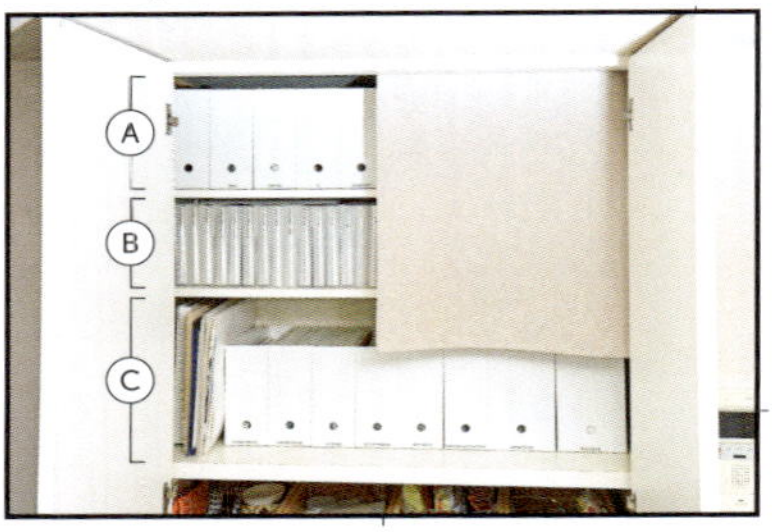

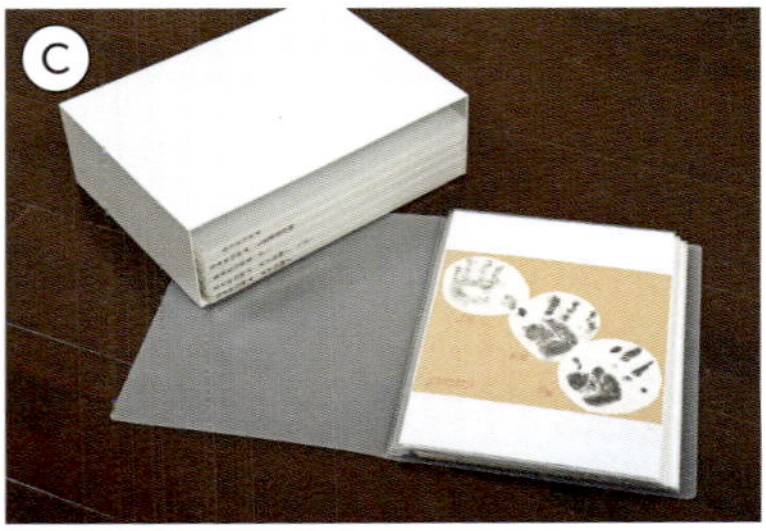

同じファイルにまとめる

L判以上の写真はA4用紙に貼りファイリング。ズレというプチストレスを解消。通知表なども同じファイルに入れれば統一感あり。

Ⓜポリプロピレンファイルボックス・スタンダードタイプ・A4用・ホワイトグレー　¥700、ポリプロピレンファイルボックス・スタンダードタイプ・ワイド・A4用・ホワイトグレー　¥1,000、ポリプロピレン携帯に便利なスリムクリアホルダー　A4・20ポケット　¥250

作品も写真と
一緒のアルバムに

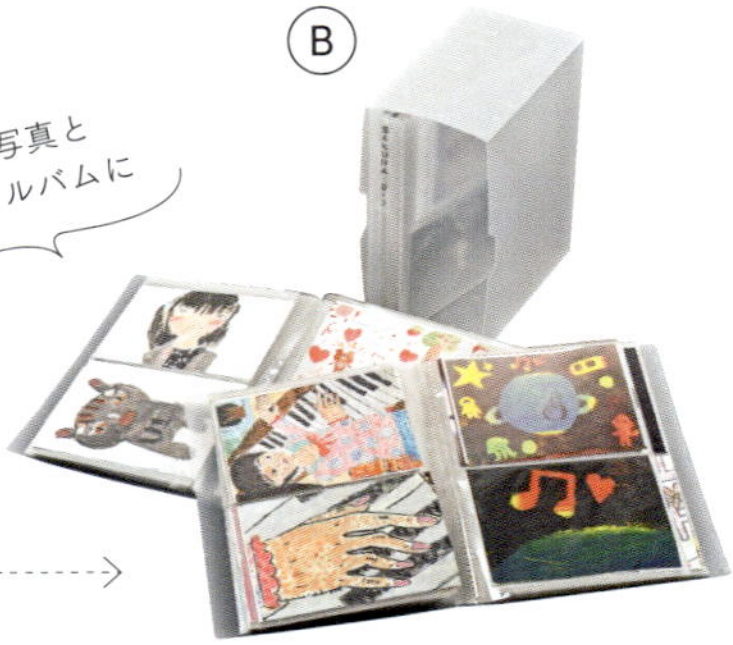

スペースに合わせて

子どもの描いた絵は写真撮影してから絵をL判の大きさにカット。上下に綴れば見やすい。

Ⓜポリプロピレン高透明フィルムアルバム・2段・3冊組　L判・136枚用×3冊　¥1,050

ファイルごとにラベリング

ラベリングすることで一目で取り出しやすくなる。並べ方のポイントは1列ごとのカテゴリー分け、よく使うファイルを手前に持ってくること。

Ⓜポリプロピレンファイルボックス・スタンダードタイプ・A4用・ホワイトグレー　¥700

1ボックス1アイテム

使うものを一番手が届きやすい箇所に置くことで効率性がアップ。ひとつのボックスの中に同じ種類のものを入れて。

Ⓜ重なるブリ材長方形バスケット・中　¥1,200

Lower Shelf
(W100cm × W107cm × D45cm)

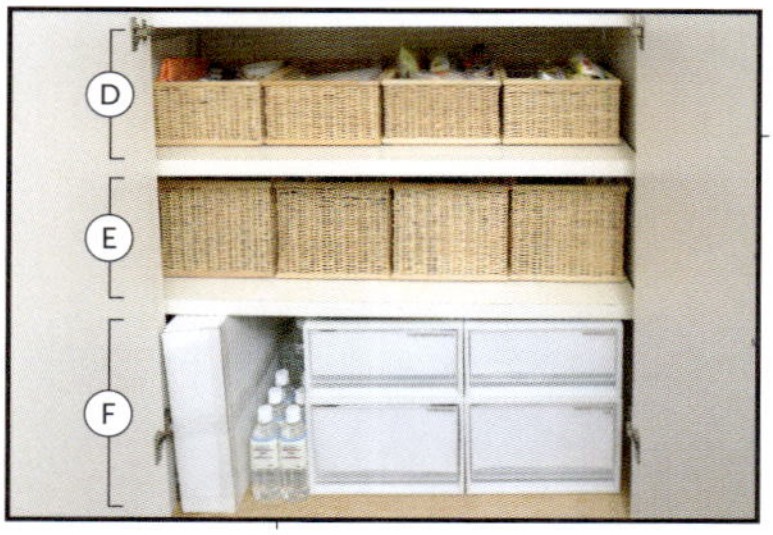

ZOOM

動線を考えて関連収納

お菓子を持参する際、紙袋をよく使うので、すぐ使えるように製菓道具類の上段に。袋の量の目安は20〜30枚。お弁当グッズもひとまとめに。

Ⓜ重なるブリ材長方形バスケット・大　¥1,700

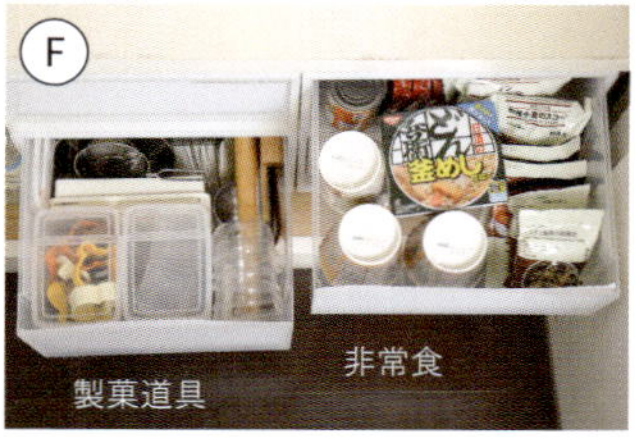

ミネラルウォーター

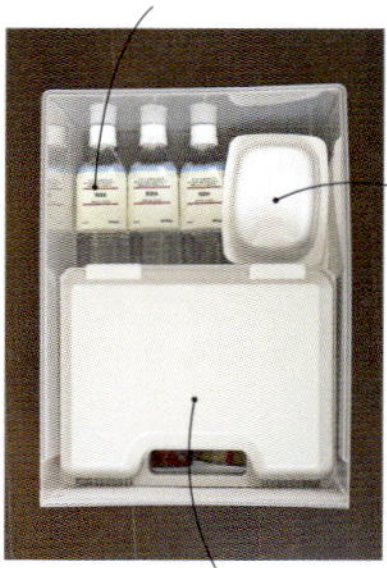

レトルトご飯

OPEN

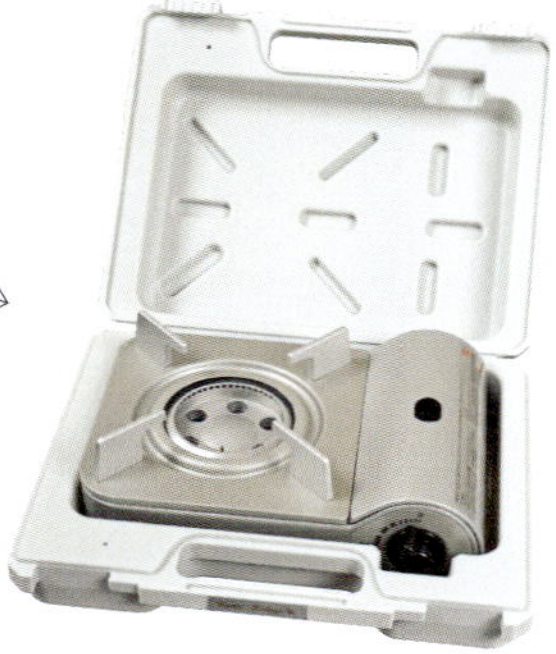

ミニカセットコンロ

重いものは引き出しに

棚の下部には使用頻度が低く、また災害時にケガをしないように重い物を置いて。左側に製菓道具、右側に非常食やガスコンロを収納。

Ⓜポリプロピレン収納ケース・引出式・小　¥1,000、同・大　¥1,200、カセットこんろ・ミニ　¥4,900、カセットこんろ・ミニ用ケース　¥1,790

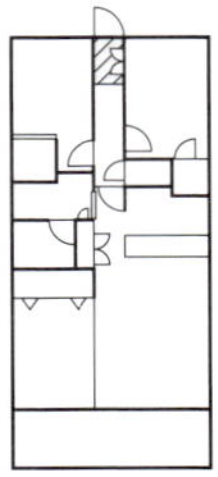

Entrance
玄関

玄関はおうちの顔。いつもスッキリな空間でありたいですね。日ごろから心がけていることは“シンプル”にまとめること。これがきれいを保ち続ける早道！

靴を立てて収納

使用頻度が低い靴はファイルボックスに立てて収納。狭いスペースでもスッキリ！

Ⓜポリプロピレンファイルボックス・スタンダードタイプ・A4用・ホワイトグレー ¥700

倒れこまず、取りやすい！

梱包と靴ケアグッズ

メイクボックス＋仕切りで使いやすく。

Ⓜポリプロピレンメイクボックス ¥450、同・1/2 ¥350、ポリプロピレンブラシ・ペンシルスタンド ¥150

外で使うものはここに収納

ファイルボックスにまとめて。靴を履いたままでも取り出せて便利。

Ⓜポリプロピレンファイルボックス・スタンダードタイプ・A4用・ホワイトグレー ¥700

玄関に置いておけば、忘れ物しません

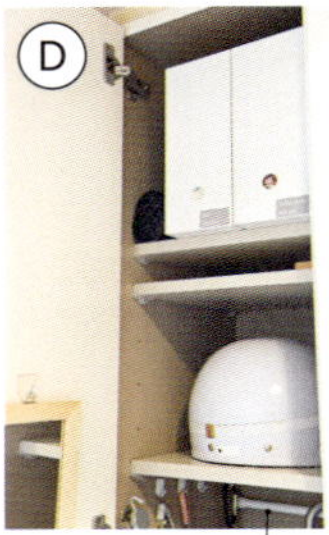

傘や鍵類

Shoes Box

かごにまとめて

ナチュラルなフタつきかごをスリッパ入れに。通気性もよく、スリッパを横に並べて。

片づかない原因

- 下駄箱に入らない靴があふれている
- 置きやすいので何でも置いてしまう

スッキリ解決！

- 家族全員で靴の見極めをする
- 新しい靴は古い靴を処分してから買う
- 印鑑など玄関で使うもののみ置く
- 下駄箱に置けないものには控え場所を

外で使うものと家に持ちこむものを見極める境界線

その家の印象が決まる大切な場所です。玄関がきれいなおうちはお部屋もきれいなことが多いと思います。そんなに親しくない人にも見られてしまうのが玄関。まさにおうちの象徴です。

一度靴を履いて忘れ物をしたら、また靴を脱いで取りに行くことは時間も労力もかなりロスです。収納棚をうまく仕切って、靴やレジャーシート、防犯ヘルメットなど外に持ち出して使用するものは玄関に収納しています。帰宅したら、お部屋に持ちこまずにこの場所にしまう。そうすれば、ものの移動距離も減って探しものもなくなります。

印鑑や梱包グッズも、玄関に置いておく方が断然ラクです。

ファイルボックスの縦使い― 秋冬バージョン

ファイルボックスの横使い― 春夏バージョン

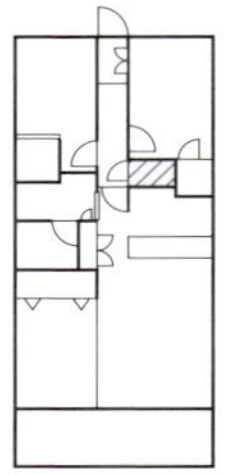

Toilet

トイレ

普通より少し狭いWC（Water Closet）。だからこそ色を統一してまとまりを持たせるとよいでしょう。ここでも無印良品のシンプルなアイテムが大活躍！

いつもきれいで、誰もが心地よく使える空間作り

狭い空間だからこそお気に入りのアイテムを選んでいます。家族だけでなく、お客様も使う場所。いつもさわやかに清潔にしておきたいものです。スペースに合わせて棚を作って、色も清潔感のある白で統一！　床に置くものを厳選して、簡単にお掃除できるようにしておくことも大切です。一番のお困りはストックもの。トイレットペーパーのストック、衛生用品は棚の中に入れて隠す収納にしています。タオルも棚の中に1枚ストック。インテリアフレグランスなどの好きな雑貨をプラスすれば、気分も上がります。

無印良品のトイレグッズは、シンプルで使いやすいので、お掃除が苦になりません。1日1回のお掃除を習慣化しています。

床に置くのは
これだけ！

白で統一してスッキリ

お気に入りの掃除用具ならいつも楽しく掃除できる。使った後に１日１回お掃除を実行！

Ⓜトイレブラシ・ケース付　¥850

つっぱり棒で
タオルストック

生理用品は
メイクボックスで
隠して

予備も一緒にまとめて

トイレットペーパーは２倍巻きを選んで個数を少なくストック。トイレ用品をすべてここに収納。

Ⓜポリプロピレンメイクボックス・1/2
¥350

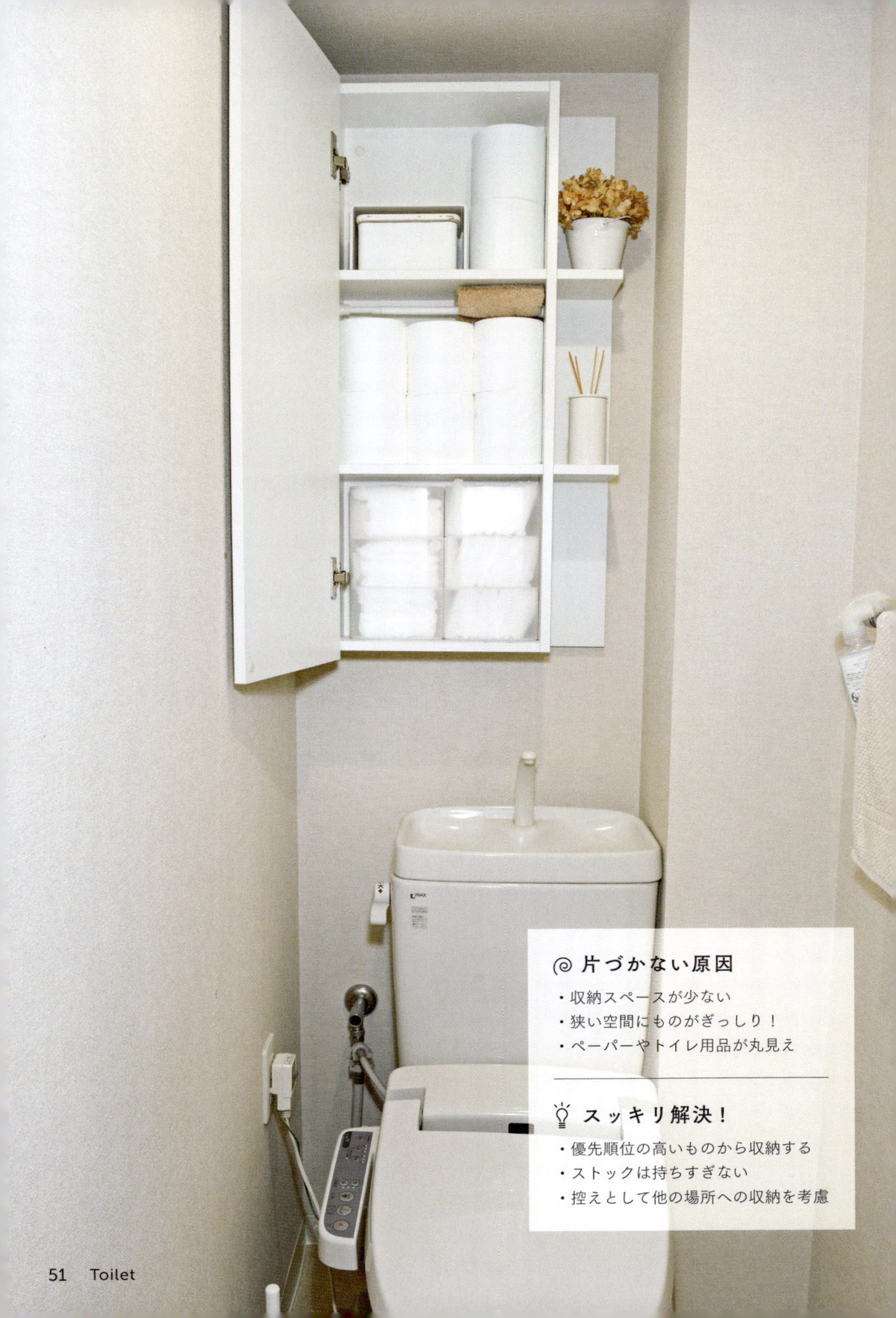

片づかない原因

・収納スペースが少ない
・狭い空間にものがぎっしり！
・ペーパーやトイレ用品が丸見え

スッキリ解決！

・優先順位の高いものから収納する
・ストックは持ちすぎない
・控えとして他の場所への収納を考慮

Column

取りやすい！ 収納力アップの衣類のたたみ方

引き出しを仕切って、その幅や高さに合わせてたたみます。立てて収納すると取り出しやすく、戻しやすい。また、収納力もアップします。引き出しは、手前20cmによく使うものを収納するとよいでしょう。

Tシャツ　前身頃のデコルテ部分がシワになりません！

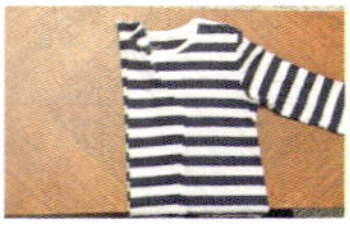

しまう幅に合わせて身頃を３等分にする。

袖と身頃をシワを伸ばしながら折りこむ。

しまう高さに合わせて等分にする。

襟を少し控え、裾にそろえてたたむ。

わを上にして立てて収める。

＊カットソー、シャツ、ニットも同様

ストッキング　取り出しやすくコンパクトにまとめる。

左右をきちんとそろえてシワを伸ばす。

しまう幅に合わせて余分を折りこむ。

しまう高さに合わせて等分にする。

端と端を合わせてたたむ。

ソックス　たたむだけ！　取りやすく履きやすい。

左右をきちんとそろえてシワを伸ばす。

しまう高さに合わせて等分にする。

わを上にして立てて収める。

フェイスタオル　タオルショップのディスプレイのように美しく！

½にたたみ、縦方向に３等分にしてたたむ。

端をしっかり合わせて折りこむ。

しまう場所の奥行に合わせてたたむ。

Part 3

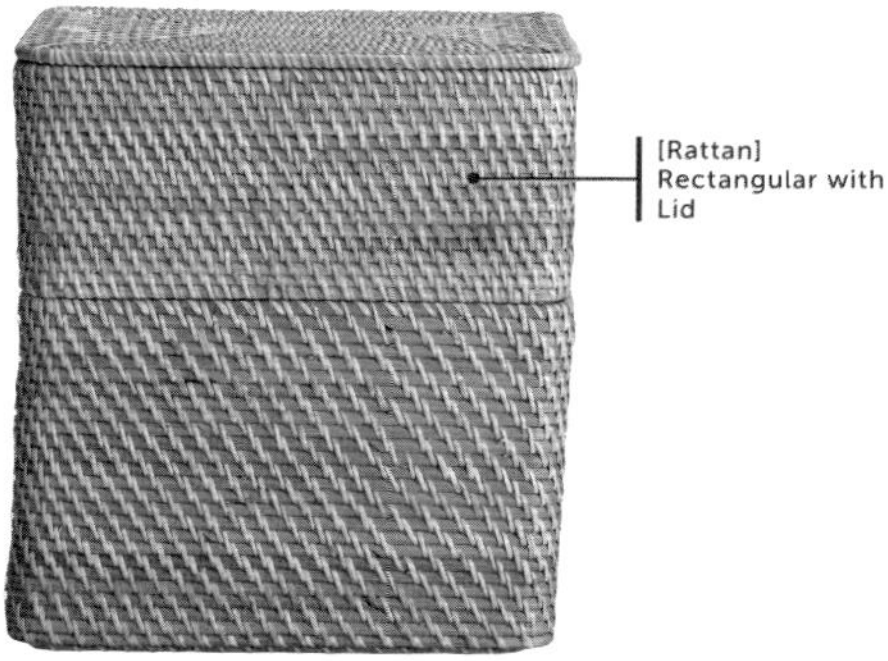

必要なものだけ！
ずっと愛せる人気アイテム
使いこなし術

私が愛用するたくさんの無印良品アイテムの中から12アイテムをセレクト。使用している場所とおしゃれで便利な使い方をご紹介します。

Best Selection 01

重なるブリ材長方形バスケット

※ブリ材とは、フィリピン産ヤシ科植物の皮を裂いて乾燥させたもの。

［大］
約幅37cm×奥行26cm×高さ24cm
¥1,700

［中］
約幅37cm×奥行26cm×高さ16cm
¥1,200

［小］
約幅37cm×奥行26cm×高さ12cm
¥1,000

※価格は税込み価格です。

ここがマイベスト！

1. 長方形だからどこでも収まりがよいこと
2. 重ねることができ、多用途で使用できる
3. スペースに合わせて縦使い、横使いが可能
4. 中身が見えないから生活感がでずにおしゃれ

おしゃれで使える オールマイティーなバスケット

最初は店舗で見てひと目惚れ！　軽いけどしっかり編んであります。引っ越し時は、ものを入れたままバスケットごと段ボールに梱包できたので作業も短縮でき、荷ほどきもかごを収めるだけでスマートにできました。

Closet クローゼット

OPEN

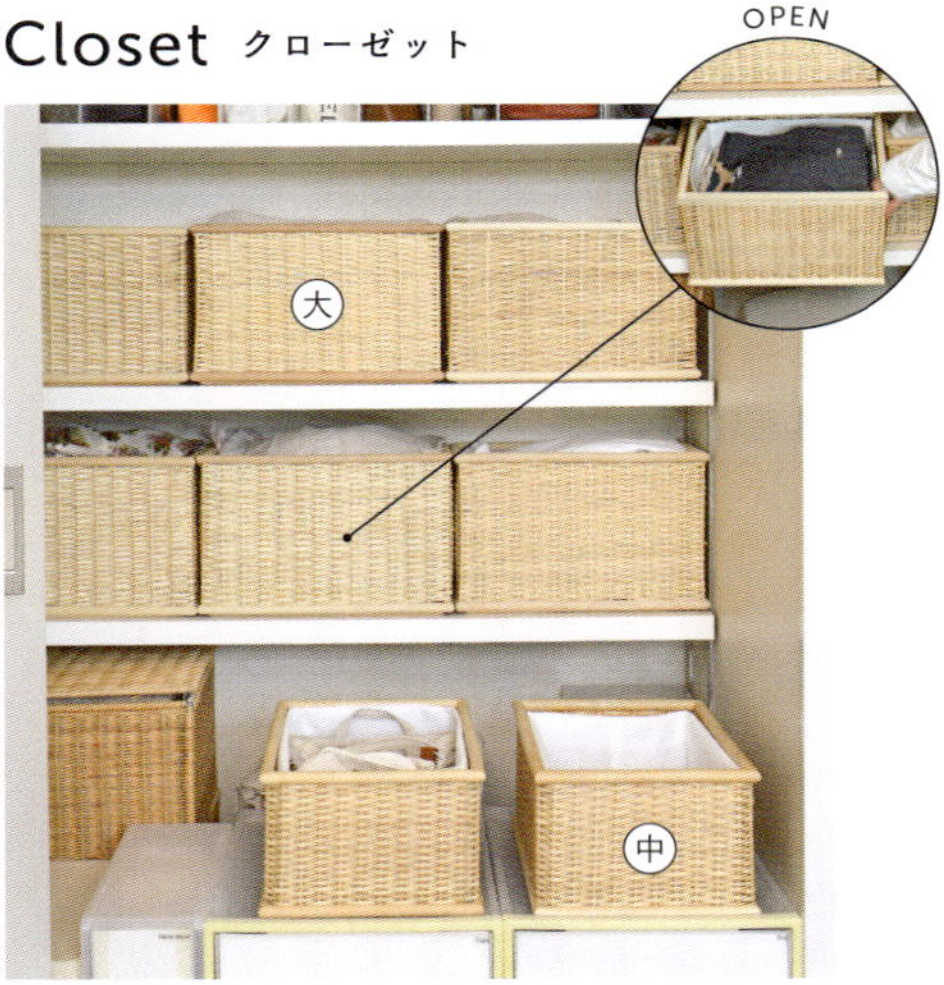

洋服をシワにせずにしまえるバスケット

オフシーズンの洋服をたたんでピッタリ入るサイズ感。無印良品の不織布仕切りケースを使えばニットの収納にも。適度な通気性もあり。

Working Space ワーキングスペース

重ねてスッキリ使えるブリ材バスケット

小サイズをふたつ重ねて１段目はアイロンがけするもの。２段目はミシンの備品を収納。重ねて使うこともでき、多機能に使用可。

OPEN

Pantry 収納庫

ZOOM

娘のお弁当箱類をひとまとめに。長方形だからスッキリ収めやすい。

スペースを有効に使える形がポイント

長方形なのでムダなスペースができず、棚にスッキリ収まる。軽いので手前に引き出しやすい。統一して使えば見た目もナチュラル。

最強ムジラーおすすめ！

Best Selection 02

重なるラタン長方形バスケット

［大］
約幅36cm×奥行26cm×高さ24cm
¥3,600

［中］
約幅36cm×奥行26cm×高さ16cm
¥2,900

［重なるラタン長方形バスケット用フタ］
約幅36cm×奥行26cm×高さ3cm
¥1,000

※価格は税込み価格です。

ここがマイベスト！

1. どんなインテリアにもなじむ
2. 縦横に向きを変えて使うことができる
3. 容量がたくさん入り、収納しやすい
4. しっかりした作り。重ねやすく、ずれにくい

ナチュラルな収納には欠かせないたよれる優秀アイテム

手になじみ、作りがとにかくしっかりしているので、スペースに合わせて重ねて使うこともできます。フタを組み合わせれば、ホコリよけになります。リビング学習の教材を入れるのに役立っています。

Working Space ワーキングスペース

重みのあるものもスッキリ収納できる

アイロン入れに。重量感あるアイロンもしっかり収納。安定感があり、持ち運びもしやすい。

Kitchen キッチン

どんなものでもスッキリまとまる

左側は隠したいレジ袋を、右側にはよく使う食器をセット。それぞれ違う種類のものを入れても、きれいに隠せて統一感あり。

ZOOM

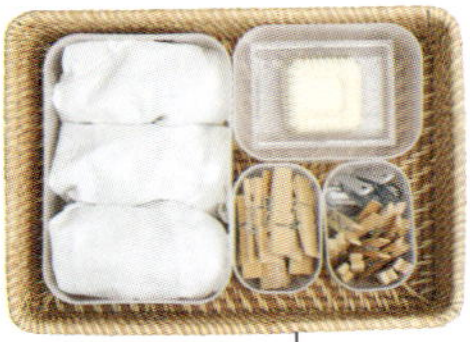

Powder Room 洗面所

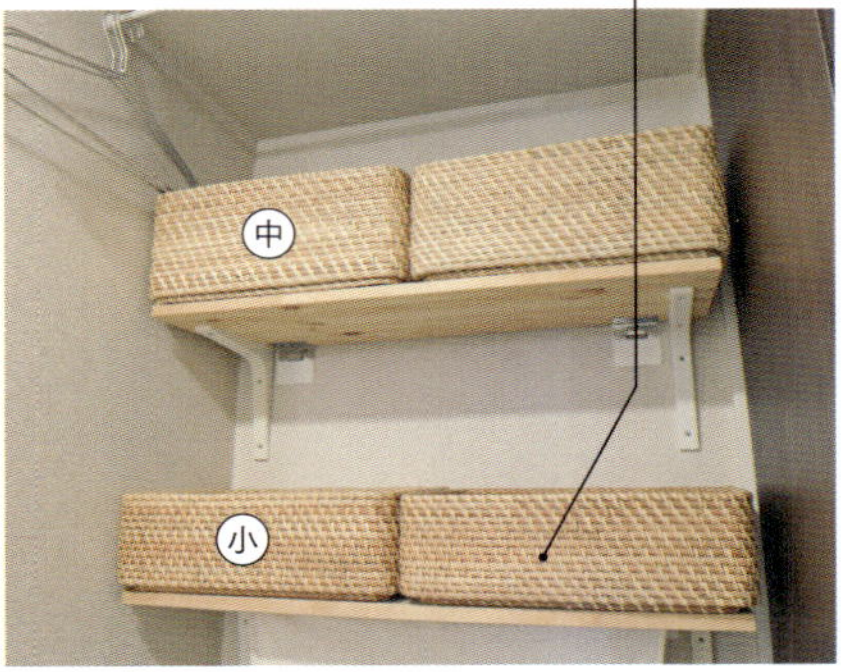

ひと工夫で水けのあるものもひとまとめ

洗濯機周りで使う洗濯ネット、固形石けんなど水けが気になるものも 、無印良品のメイクボックスに入れてセットすれば、かごにも収納可。

Ⓜ[小] 約幅36cm×奥行26cm×高さ12cm　¥2,600

Living Dining リビングダイニング

フタを組み合わせてホコリよけに

リビング学習の教材もすっぽり収まる。キャスターつきの板にのせて移動もラクラク。フタをつければホコリよけに！

👍 最強ムジラーおすすめ！

Best Selection 03

Ⓐ ポリプロピレンファイルボックス・スタンダードタイプ・A4用・ホワイトグレー
Ⓑ ポリプロピレンスタンドファイルボックス・A4用

Ⓐ

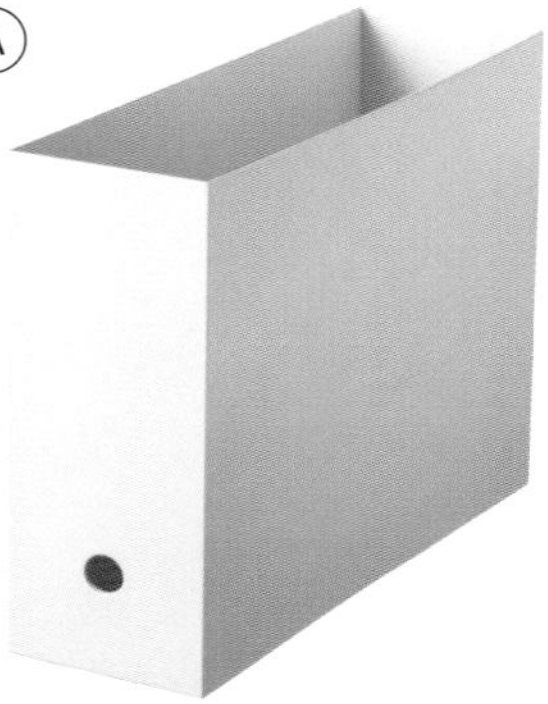

約幅10cm×奥行32cm×高さ24cm
¥700

Ⓑ

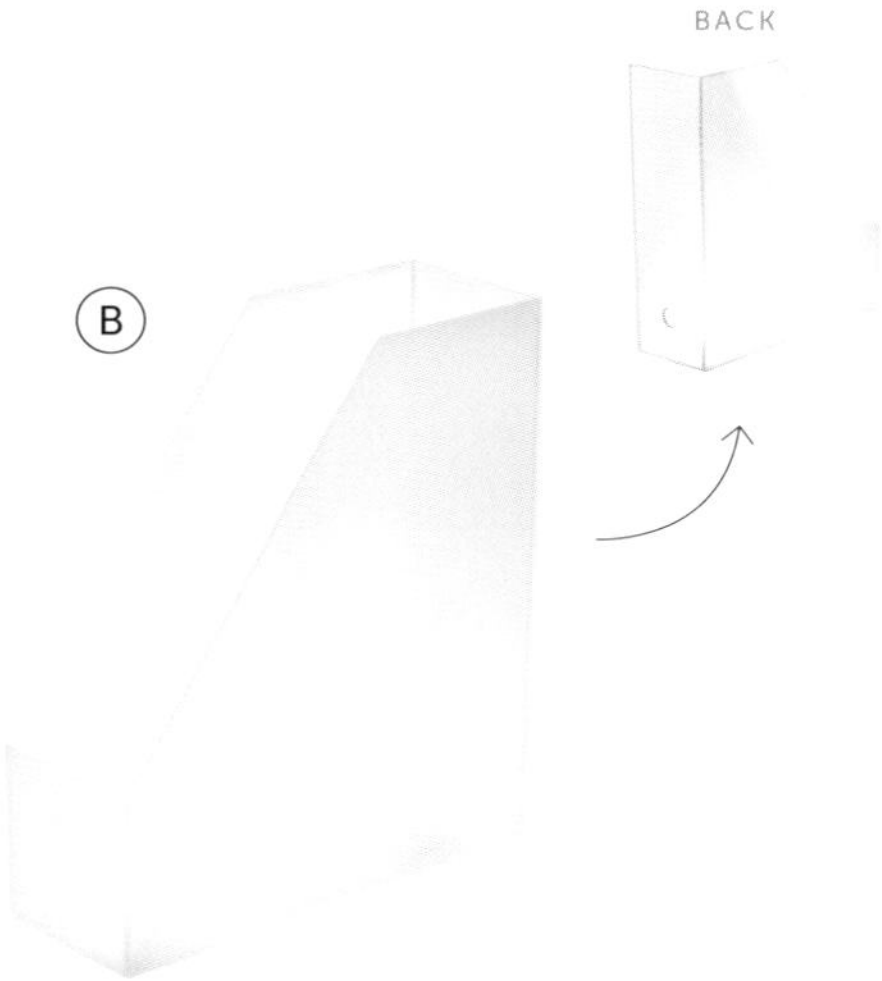

約幅10cm×奥行27.6cm×高さ31.8cm
¥700

※価格は税込み価格です。

ここがマイベスト！

1. 凹凸がなく複数をピッタリ並べられる
2. 用途に合わせ、縦でも横でも使える
3. PP素材なので、汚れをふき取りやすい
4. 買い足しやすく、長く使える

書類だけではなく、多様に使えるスゴ技！ ファイルボックス

薄くてもしっかりした作りなのが好き。凸凹がなくスッキリした形状だから、となり同士すき間なく並べることができます。使い方も縦横自由自在。中身の見え具合もクリア、ホワイトグレーで使い分け。スッキリ収納が実現！

Pantry 収納庫

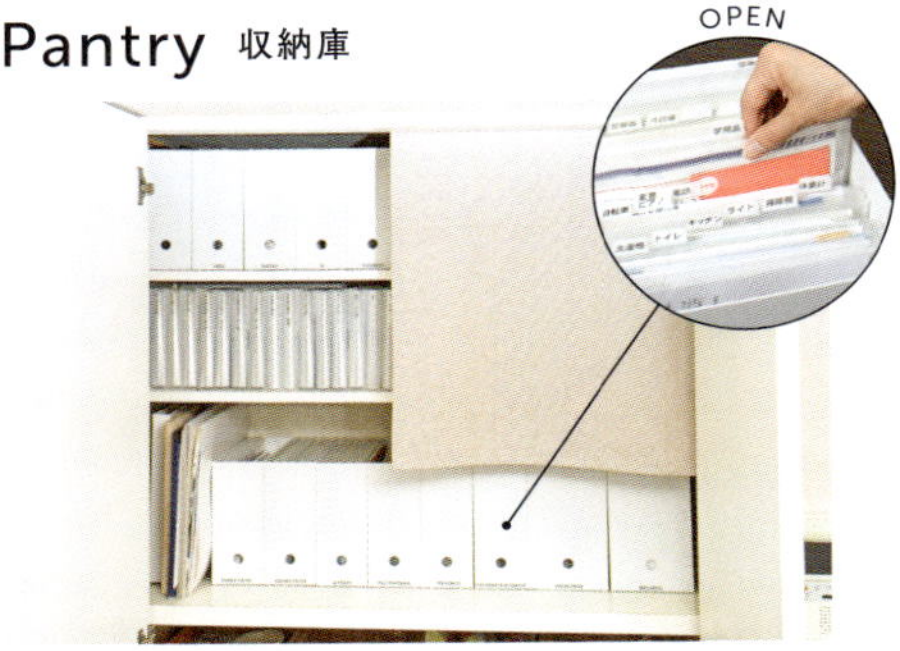

紙類はすべてファイルボックスに

ひとつのボックスに１種類収納。取り扱い説明書は、中にインデックスを入れて分類収納すれば、書類が探しやすく収めやすい。

Closet クローゼット

作りつけ収納のようなバッグ収納

スペースを採寸してピッタリにファイルボックスを並べれば、バッグも取り出しやすくしまいやすい。端だけを両面テープで固定。

Entrance 玄関

横に並べて靴箱の仕切りに

靴の種類に合わせて、ボックスを横にしても立てても使える。汚れたらふき取れるので衛生的。

Kitchen キッチン

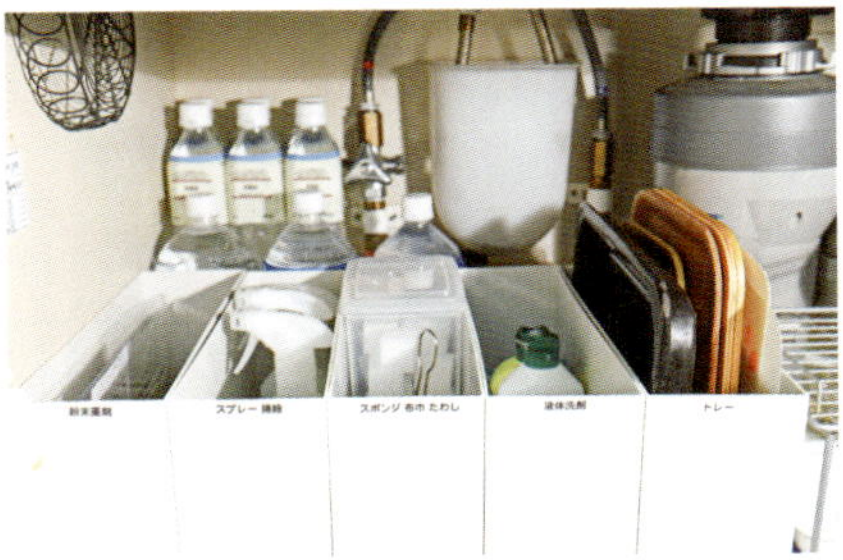

台所でも使えるファイルボックス

仕切りとボックスの両方の役目を果たす。洗剤などの液もれがあっても、簡単にふき取れるPP素材はキッチンにもおすすめ。

Children's Room 子ども部屋

同製品のワイドと組み合わせて

ブックスタンドがわりにもなるボックス

しっかりした作りなので本を支えてくれ、仕切りだけではなく両方の役割を果たす。色はクリアなので題名が見やすい。

(M)ポリプロピレンスタンドファイルボックス・ワイド・A4用　約幅15cm×奥行27.6cm×高さ31.8cm　¥1,000（写真左）

Best Selection 04

Ⓐ アルミ洗濯用ハンガー・3本組
Ⓑ アルミ洗濯用ハンガー・肩ひもタイプ・3本組

Ⓐ

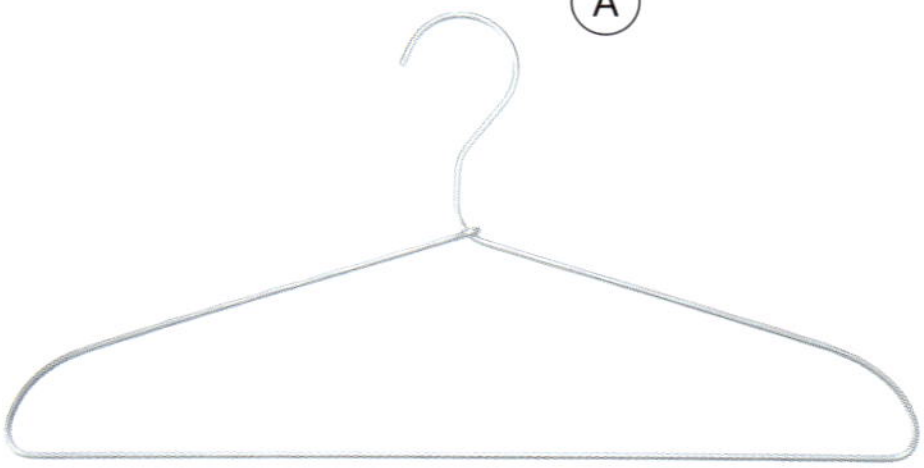

3本組・約幅41cm
¥320

Ⓑ

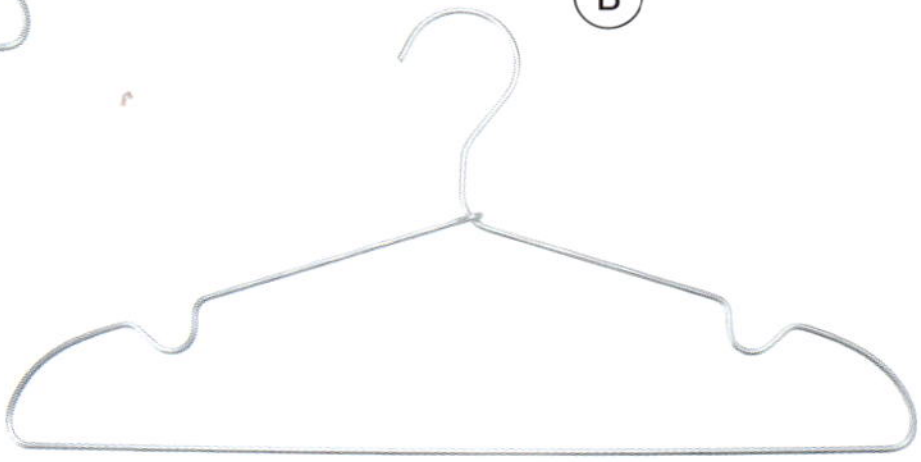

3本組・約幅41cm
¥350

※価格は税込み価格です。

ここがマイベスト！

1. 洗濯して干した服をそのままクローゼットに
2. 厚みがないのでコンパクトに収納できる
3. シンプルな作りがインテリアの邪魔をしない
4. プラスチック製より劣化しにくい

場所を取らず、丈夫で長持ち。家族のハンガーの定番！

無印良品のハンガーの特徴は何といってもシンプルさ。主張することがない色や形なので様々なインテリアに合わせることができます。また肩ひもタイプはワンピースなどを干すなど、用途に合わせて使用できます。

Children's Room 子ども部屋

ふたり分の服もスッキリ

両端にオンシーズンの服を、中央にオフシーズンの服を並べることで、衣替えやおでかけする際に一目でわかるように収納。

洗濯ものが乾いたら
そのまま収納！

Closet クローゼット

すっきり洋服が収まる

ハンガーに干した服をそのままクローゼットに収納することで洋服をたたむ時間を節約。色別に並べれば見栄えもいい。

Powder Room 洗面所

空きハンガーはここに

着用した服のハンガーはつっぱり棒にかけ、洗濯して干す服にそのハンガーを使うように置き場所を確保。

Study 書斎

並べ方を工夫する

ひとりで利用する場合、縦と横のコーナーで区切って、服を仕事用と休日用に分けて服を選びやすくしている。

👍 最強ムジラーおすすめ！

Best Selection
05 ステンレスひっかけるワイヤークリップ

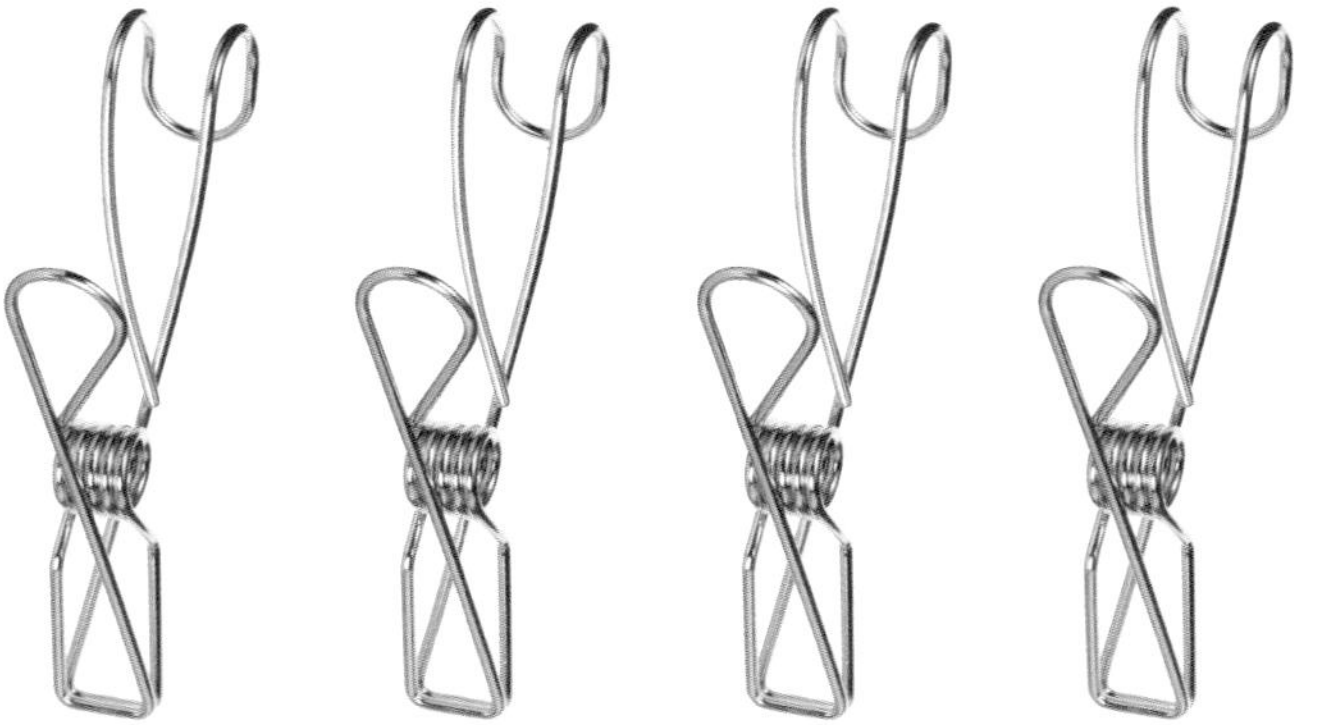

４個入・約幅2cm×奥行5.5cm×高さ9.5cm
¥390

※価格は税込み価格です。

ここがマイベスト！

1. 長押《なげし》やバーなどにひっかけることができる
2. はさむ力が強く、耐荷重は約0.5kg
3. ステンレス製なのでサビに強い
4. シンプルな作りが様々なインテリアに対応

ものをスッキリ使いやすく吊るしてくれるクリップ

シンプルなデザインでインテリアを邪魔しない優れもの。はさむ力が強いので多様使いができます。クリップ自体がしっかりひっかかるので取れにくい。一緒にはずれてしまうプチストレスからも解消されます。

Bathroom 浴室

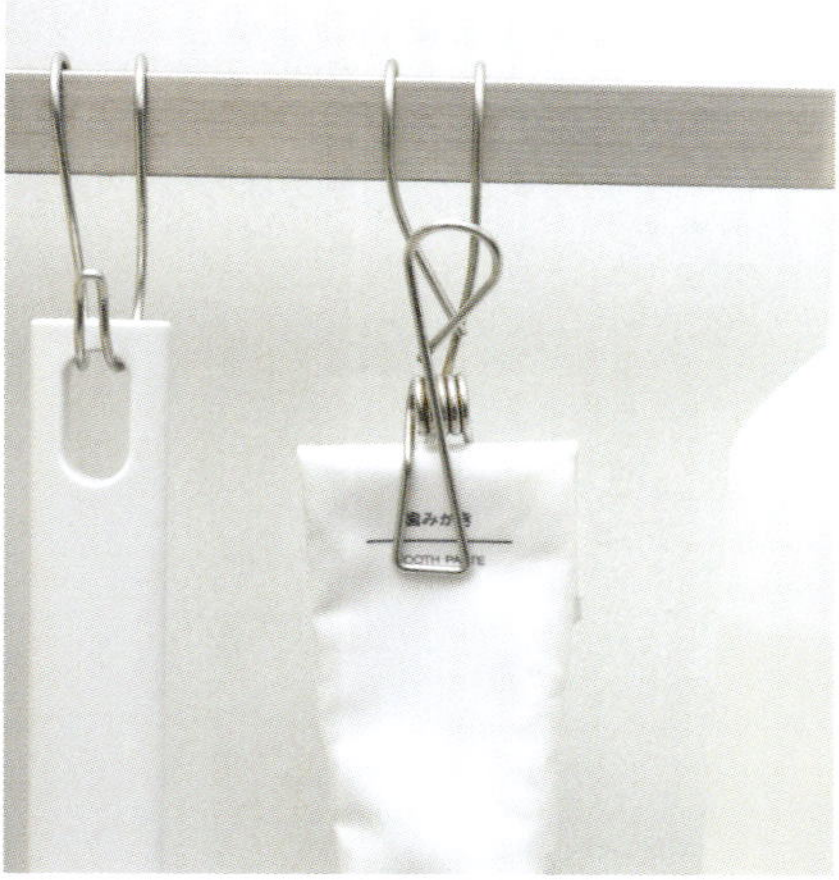

歯磨き粉を吊るす収納に

浴室のバーにもぴったり。歯磨き粉をワイヤークリップにはさんで吊るせば便利。

Ⓜステンレス横ブレしにくいフック・小（3個入）¥350（写真左）

Working Space ワーキングスペース

空中メモスタンドに

洋灯吊りにワイヤークリップをかけて、1日のやることメモを目につく場所に吊るしてチェックすればやり忘れなし。

Powder Room 洗面所

つっぱり棒にプラスして

掃除用具を入れるスペースのつっぱり棒にワイヤークリップをかければ、雑巾もコンパクトに吊るせる。

Kitchen キッチン

＼ レシピをはさんでもOK！ ／

かけてはさんで吊るせる

水けを乾燥させたい布巾やゴム手袋もレンジフードにはさんで吊るせば、乾きやすく衛生的ですぐに取り出せる。

Best Selection
06

Ⓐ ポリプロピレン追加用ストッカー・浅型
Ⓑ ポリプロピレン追加用ストッカー

Ⓑ

Ⓐ

約幅18cm×奥行40cm×高さ11cm
￥700
積み重ね可能段数：10段

約幅18cm×奥行40cm×高さ21cm
￥800
積み重ね可能段数：５段

※価格は税込み価格です。

ここがマイベスト！

1. 多様なものの収納に使える
2. スペースに合わせて組み合わせできる
3. 引き出す動作が片手でもスムーズに
4. 天板をはずせば積み重ねが可能

きちんと採寸してスペースに ぴったりの組み合わせを

シンプルなデザインなので、収納したいものやスペースに合わせてストッカーを組み合わせれば、いろいろな場所で使えます。幅が同じものであれば、高さ違いのものも積み重ねることができ、棚の中もスッキリ整理できます。

Children's Room 子ども部屋

追加用ストッカー・深型と
組み合わせて

OPEN

机の高さに合わせて組み合わせ

細かい文具類はⒶの浅いストッカーに。同じものを４段重ねて、１段ごと種類別に収納。深めなストッカーにはノート類を収納。

Ⓜポリプロピレン追加用ストッカー・深型（高さ26.5cm）¥1,200（一番下）

Powder Room 洗面所

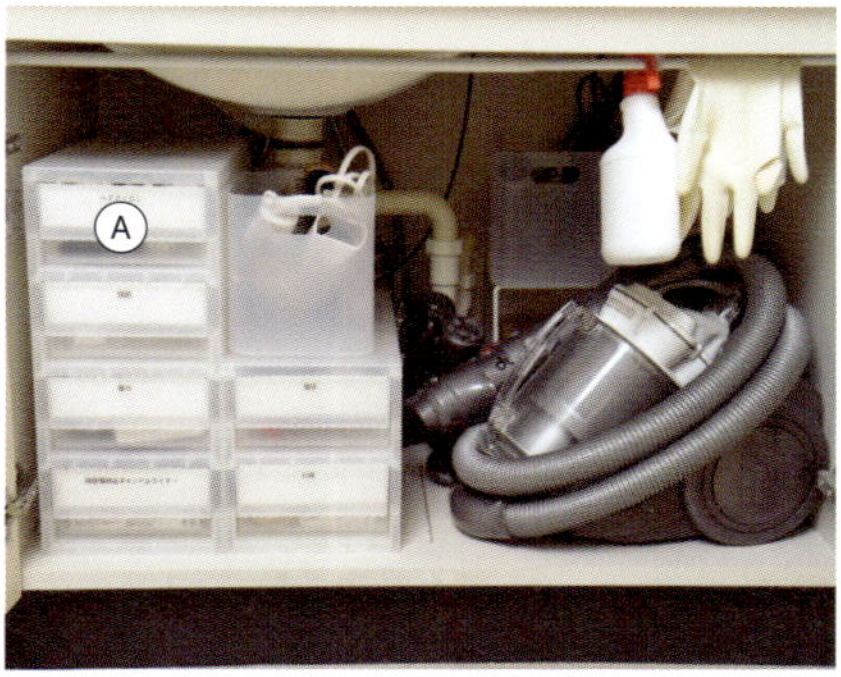

凹凸ある場所にも使える

スペースに合わせて浅いストッカーを配置。使いにくい奥行があるスペースもしっかり使える。掃除道具を収納。

Living Dining リビングダイニング

高さのあるものもスッキリ

ハガキや文具を立てて収納したいときにピッタリ。ここには主にストックを入れているので、在庫が見やすく便利。

👍 最強ムジラーおすすめ！

Best Selection 07

Ⓐ ポリプロピレンケース・引出式 浅型・2個（仕切付）
Ⓑ ポリプロピレンケース引出式・横ワイド 薄型・2個

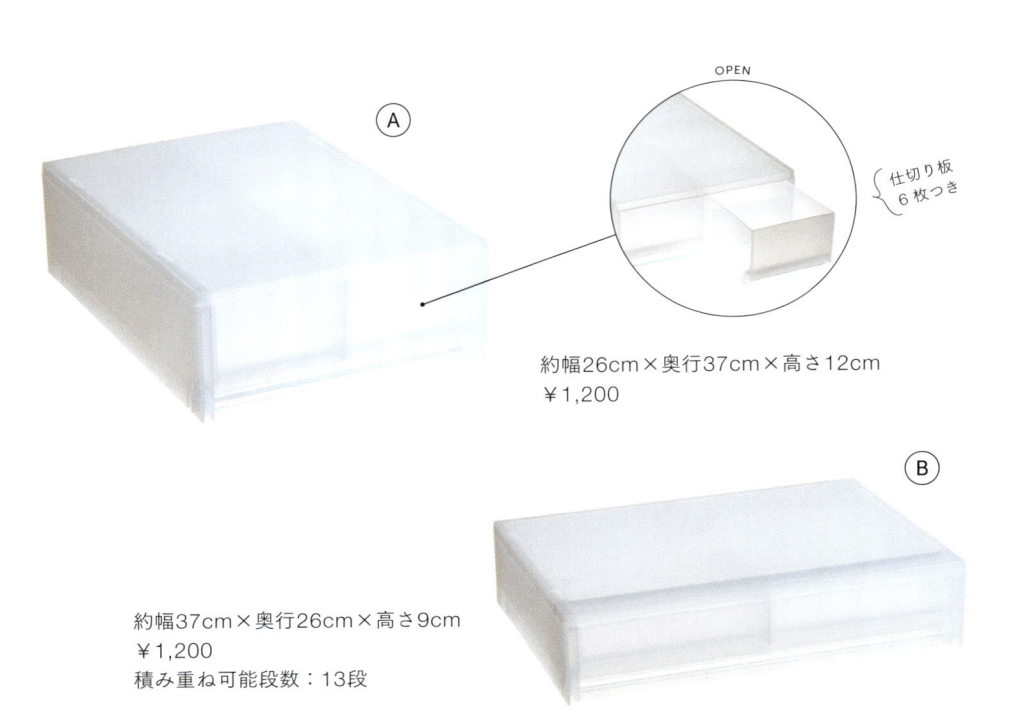

Ⓐ

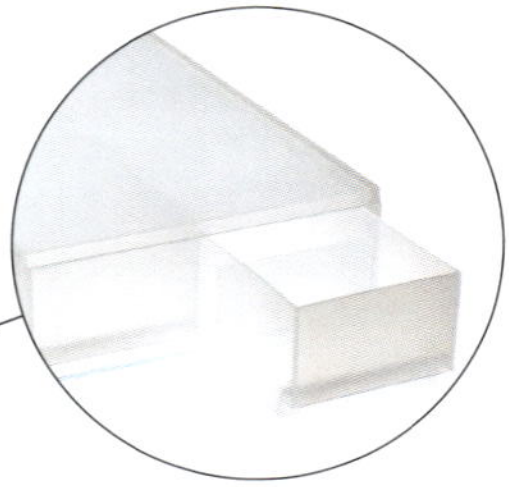

約幅26cm×奥行37cm×高さ12cm
￥1,200

Ⓑ

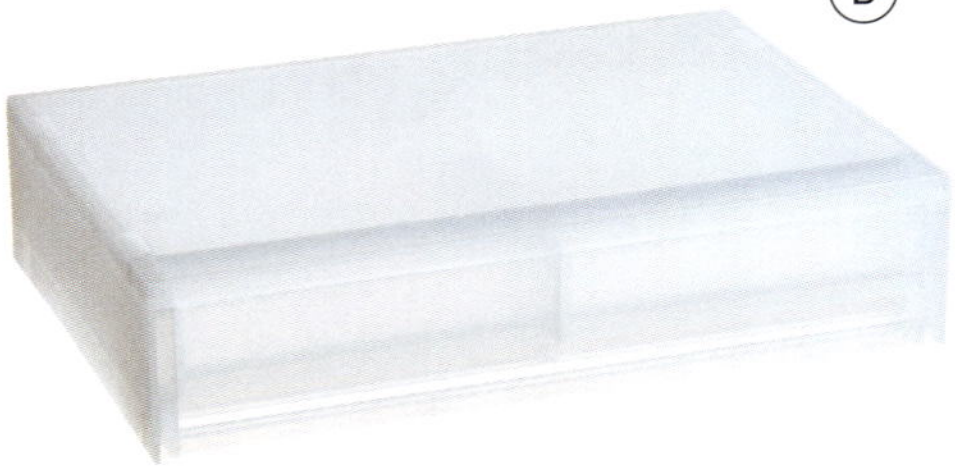

約幅37cm×奥行26cm×高さ9cm
￥1,200
積み重ね可能段数：13段

※価格は税込み価格です。

ここがマイベスト！

1. 細かいものを収納できる
2. Ⓐはスペースに合わせて仕切り板を移動可
3. 片手でスムーズに引き出せる
4. サイズ違いを組み合わせてもスッキリ

ふたつの引き出しで収納力アップ！ 重宝する配慮も

Ⓐに仕切り板がついているので、複数個を組み合わせて使えば、収納するものによって仕切り板を移動して使うことができます。名刺やカードは細かく仕切って、大きなものは仕切り板をはずして収納。

Powder Room 洗面所

仕切り板で
仕切れて便利！

OPEN

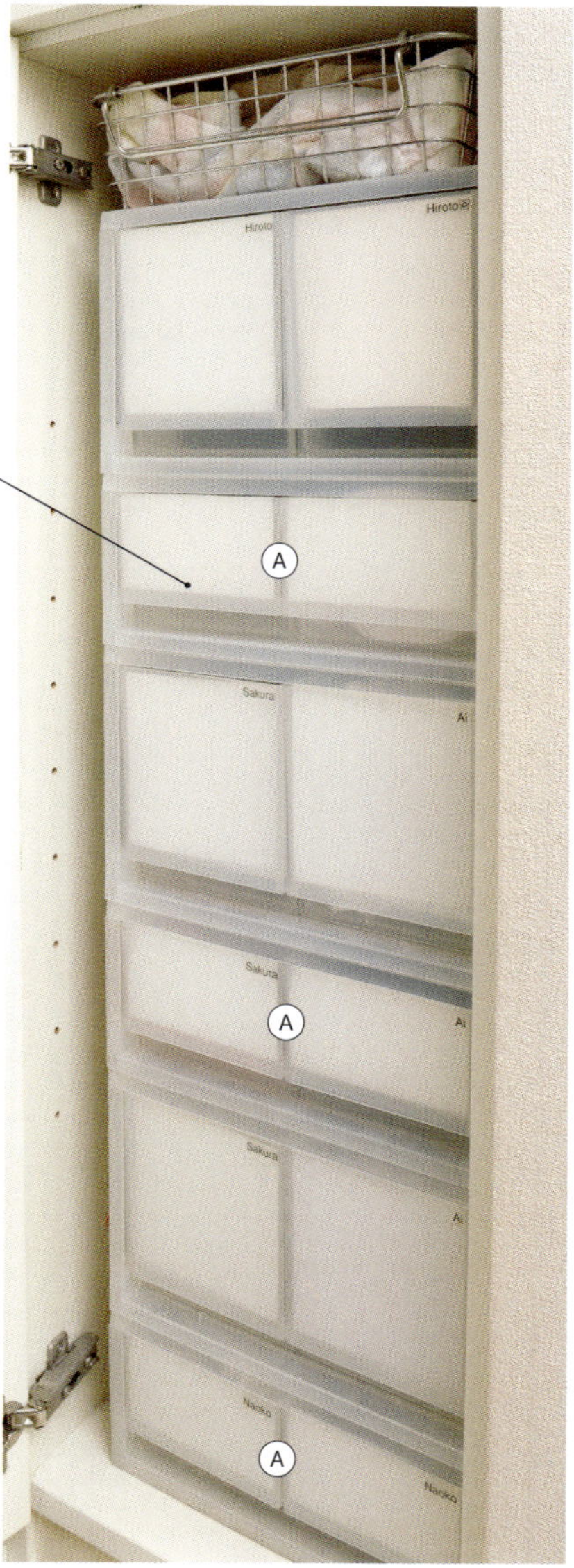

家族分の下着もスッキリ収納

棚板をはずしてケースを積み重ね、奥行をしっかり使うことができる。サイズ違いを組み合わせてパジャマも収納。

Ⓜポリプロピレンケース・引出式・深型・2個（仕切付）¥1,500

＼ 横ワイド・薄型と整理ボックス、メイクボックスとコーディネイト ／

Living Dining リビングダイニング

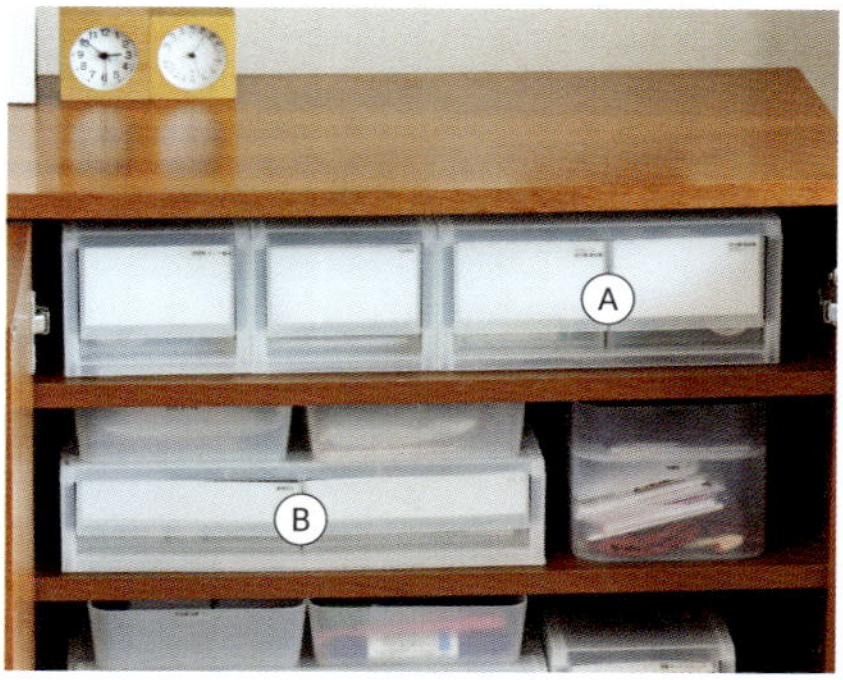

チェスト内をケースで整理

Aには大きく仕切ってラベルライターと薬をそれぞれ収納。左側は1個×2で使用。

Ⓜポリプロピレンケース・引出式ハーフ・浅型・1個（仕切付）¥800

最強ムジラーおすすめ！

Best Selection
08

Ⓐ MDF小物収納1段
Ⓑ MDF小物収納3段
Ⓒ MDF小物収納6段

Ⓐ

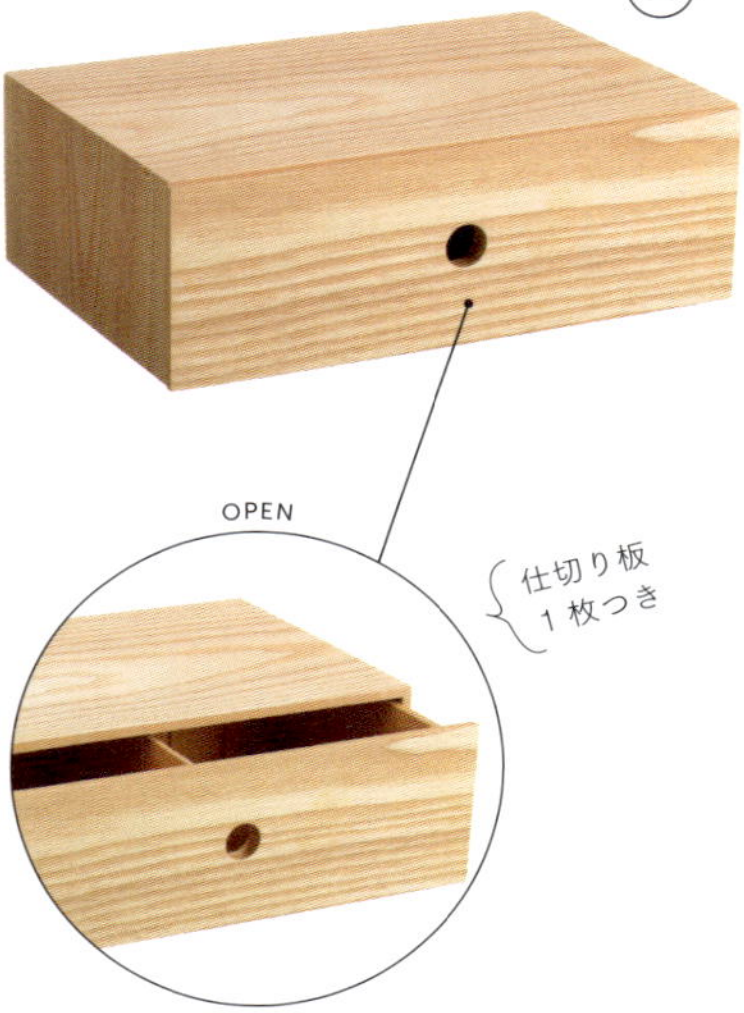

仕切り板
1枚つき

Ⓑ

Ⓒ

引き出しの入れ替えOK！
縦使い、横使いが可能。

Ⓐ 約幅25.2cm×奥行17cm×高さ8.4cm ¥2,000
Ⓑ 約幅8.4cm×奥行17cm×高さ25.2cm ¥2,500
Ⓒ 約幅8.4cm×奥行17cm×高さ25.2cm ¥3,000

※価格は税込み価格です。

ここがマイベスト！

1. ナチュラル感があり、置くだけでおしゃれ
2. 仕切り板を移動して様々なものが収納可能
3. 引き出しの入れ替えができ、向きを変えられる
4. 1引き出し1アイテムをそのまま収納可

機能的な引き出し収納で デスク周りがおしゃれに

見た目も素敵なこのMDFシリーズ。組み合わせて使うと細かいものもスッキリ収納できます。3段と6段を組み合わせて裁縫箱に。ごちゃごちゃするものも引き出しに直接しまえて便利。使う段だけ取り出せます。

OPEN

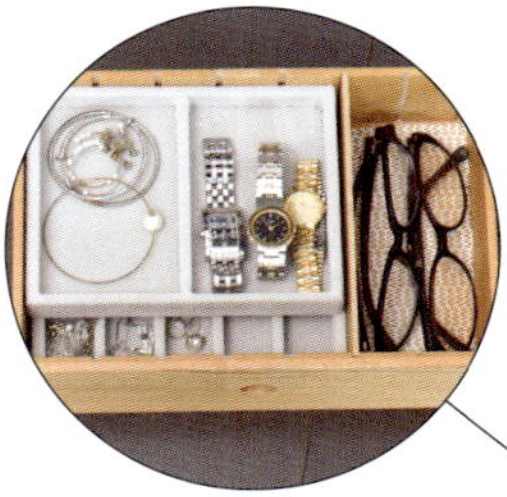

Working Space ワーキングスペース

穴があいているので、一目瞭然

Ⓐ アクセサリー用の仕切りを入れてジュエリーケースに。
Ⓑ リボンやゴムなどは高さがある３段の引き出しに。
Ⓒ 金具など細かい資材は６段に収納。

Best Selection

09

Ⓐ ポリプロピレン整理ボックス 1
Ⓑ ポリプロピレン整理ボックス 2
Ⓒ ポリプロピレン整理ボックス 3
Ⓓ ポリプロピレン整理ボックス 4

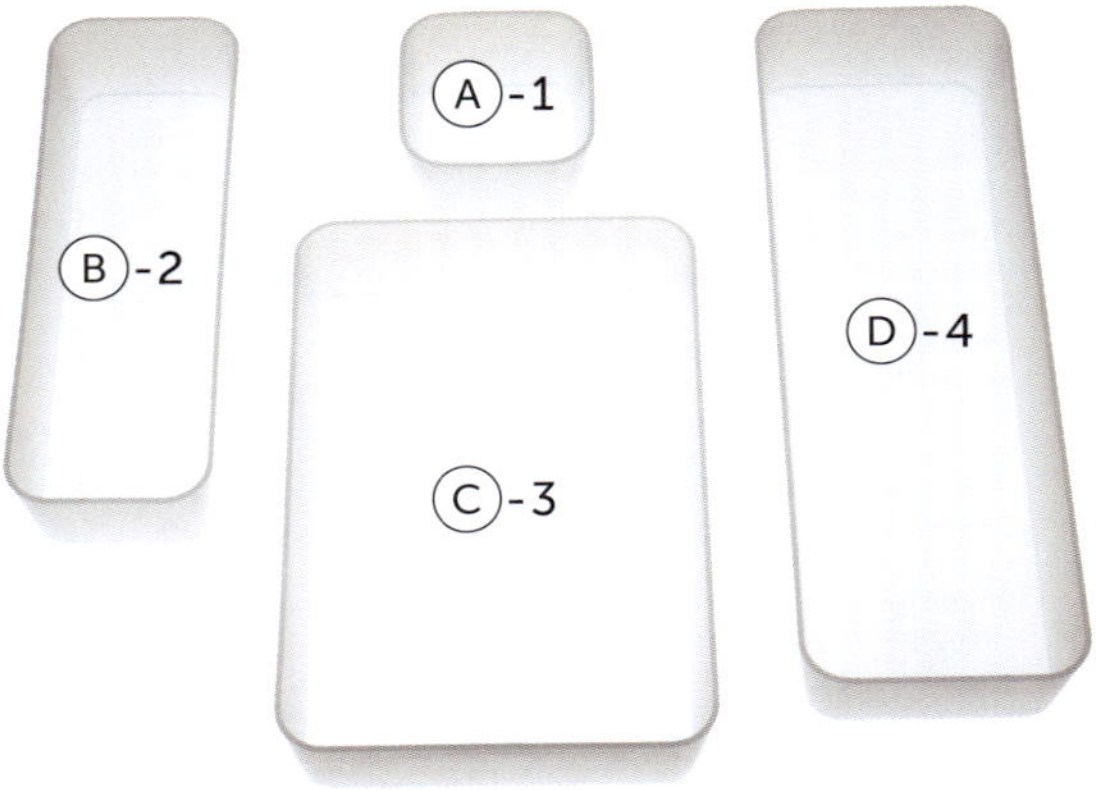

Ⓐ 約幅8.5cm×奥行8.5cm×高さ5cm　¥80
Ⓑ 約幅8.5cm×奥行25.5cm×高さ5cm　¥160
Ⓒ 約幅17cm×奥行25.5cm×高さ5cm　¥200
Ⓓ 約幅11.5cm×奥行34cm×高さ5cm　¥180

※価格は税込み価格です。

＼ 引き出しのサイズに ピッタリ！ ／

ここがマイベスト！

1. 薄くてムダなスペースができない
2. シンプルでどんな場所にもなじむ
3. キッチン周りの食材の整理にも便利
4. サイズ展開が豊富で、カスタマイズしやすい

シンプルなデザインで スッキリ整理できる

とにかく使いやすいポリプロピレン整理ボックス。仕切りとして、引き出しの整理にピッタリなので、キッチンでも使えます。汚れもふき取りやすいので、衛生的に使えます。各所で活用しています。

ZOOM

Living Dining リビングダイニング

引き出しのサイズに合わせてカスタマイズ

AVボードの引き出しは、TV周りで使うものなど、入れたいものの大きさに合わせて整理ボックスを配置。細々したものもスッキリ！

Kitchen キッチン

仕切りの役割も果たし、引き出しスッキリ

さっと取り出したいお弁当のカップなどは、整理ボックス1に1アイテムずつ。散らかりません。

ZOOM

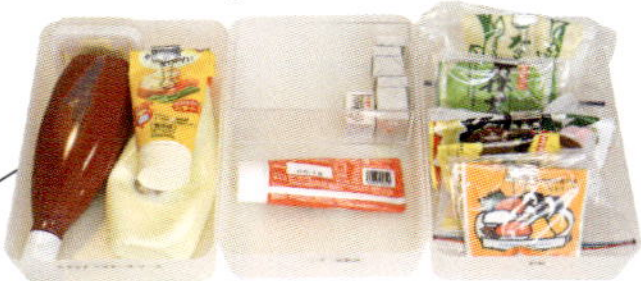

冷蔵庫のお掃除も、ラクにでき、きれいが続く

液だれしやすい調味料は整理ボックスにまとめ、汚れたらボックスだけ洗って簡単にきれいを保持。とにかく掃除がラクに。

Best Selection 10

Ⓐ ポリプロピレンメイクボックス
Ⓑ ポリプロピレンメイクボックス・1/2

Ⓐ

約幅15cm×奥行22cm×高さ16.9cm
¥450

Ⓑ

約幅15cm×奥行22cm×高さ8.6cm
¥350

※価格は税込み価格です。

ここがマイベスト！

1. 取っ手つきで、取り出しや持ち運びがラク
2. 重ねることができ、スペースを有効に使える
3. 洗える素材で汚れやすいものにも使える
4. 半透明で中に何が入ってるか一目瞭然

引き出しの中の収納にも！洗えるので清潔的

シンプルなのでいろいろなものを整理しやすいボックス。重ねたり、仕切ったりと多様な使い方が可能です。いくつかをそろえて使えば、見栄えもまたよし。

Powder Room 洗面所

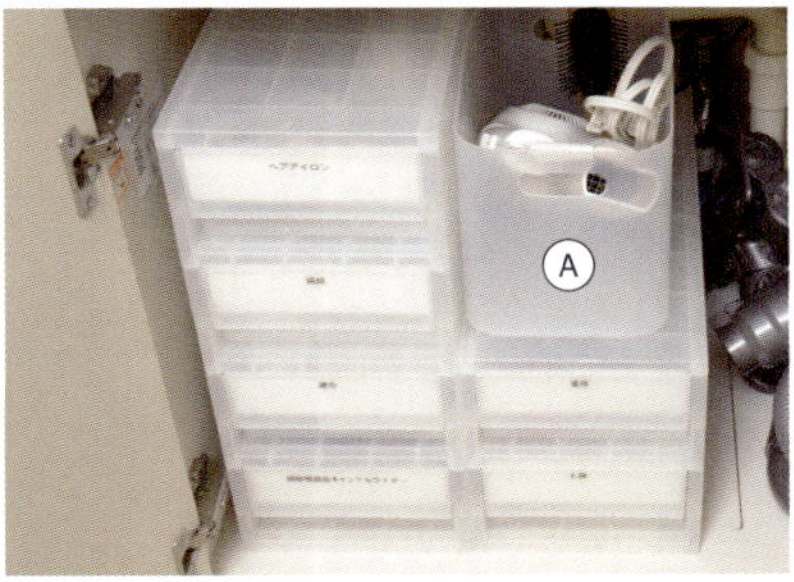

一緒に使うものをまとめて収納

かさばるドライヤーは、ブラシとスプレーを一緒に入れて、移動しても使いやすく。〈写真上一棚の２・３・４段目〉

Ⓜポリプロピレンメイクボックス・1/2横ハーフ ¥200

Living Dining リビングダイニング

ZOOM

スペースに合わせて重ねてコンパクトに

祝儀、不祝儀袋をそれぞれひとつずつボックスに分けて入れ、一緒に筆ペン、ふくさもセット。使いやすくグループ分け。

Ⓜポリプロピレンメイクボックス・1/4 ¥250（左写真左）

Kitchen キッチン

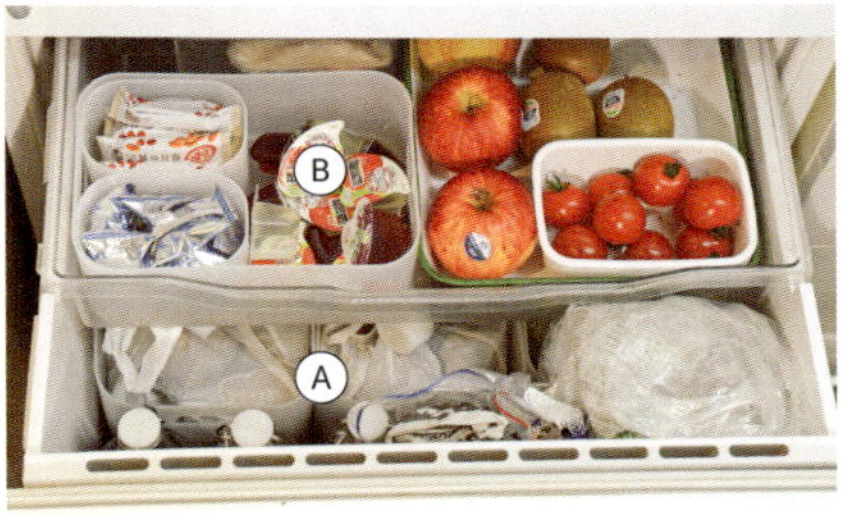

仕切りの役目ときれいを保つ

冷蔵保存の小さなお菓子をまとめればスッキリ。野菜をボックスに入れればゴミも散らからず、ボックスだけ洗えば掃除も簡単。

Entrance 玄関

使う場所に使いやすく置く

靴磨きの道具は、ブラシ・ペンシルスタンドをインして立てて収納。資源ごみを束ねる紐やテープもまとめて使う場所にセット。

最強ムジラーおすすめ！

Best Selection 11

アカシアプレート

約直径26cm×高さ2cm
¥1,800

ワンプレートご飯 1

忙しい朝の ワンプレートご飯

時間がない朝も作りおきのから揚げとサラダ、おにぎりをさっと握ってワンプレートに。フルーツは小皿に入れれば、汁けも心配なし。

※価格は税込み価格です。

ここがマイベスト！

1. 使うごとに味わいが増す
2. どんなお料理にもマッチし、おしゃれ
3. 陶器と組み合わせてもお似合い
4. 簡単におしゃれなワンプレートが作れる

おしゃれなワンプレートには 欠かせない器

手触りがとてもよいアカシア。普通のご飯もこのプレートに盛るだけで、おいしそうなワンプレートご飯が完成します。洗ったあとは水けをよくふき取り、乾燥させてからオイルをさっと塗れば、ずっといいツヤ感で使えます。

ワンプレートご飯 2

和食のワンプレートご飯

栗ご飯などの和メニューもプレートに盛りつければ、おしゃれなワンプレートに。彩りよく、カラフルな食材をチョイス。

ワンプレートご飯 3

イタリアンの
ワンプレートご飯

トマトソースのパスタに、蒸し鶏のサラダを盛りつけて。ソースをしっかりからませること、これポイント！

※料理の作り方は
P92参照

作りおき惣菜で
ワンプレート

時間に余裕があるときに、惣菜を作って保存容器にストック。忙しいときでも短時間でワンプレートが完成。ポイントは彩り。食材は6色を目安に。お弁当のおかずにも使えて、食事の準備にも余裕ができるのがうれしい！

女子会にもこれ1枚あれば、
おしゃれに変身しますよ！

おやつプレート各種

のせるだけでおしゃれな おやつプレート

お菓子やケーキ、おつまみなどとも相性抜群！　水けがなければ軽くふくだけでOK。手入れも簡単で手間いらず。

Best Selection

12

Ⓐ パラグライダークロスたためる仕分けケース・小
Ⓑ そのまま洗える衣類ケース

Ⓐ

約幅20cm×長さ26cm×マチ10cm
¥900
カラー／黒・グレー・ネイビー・アクアブルー
サイズ／小、中、大、ダブルタイプ・中

Ⓑ

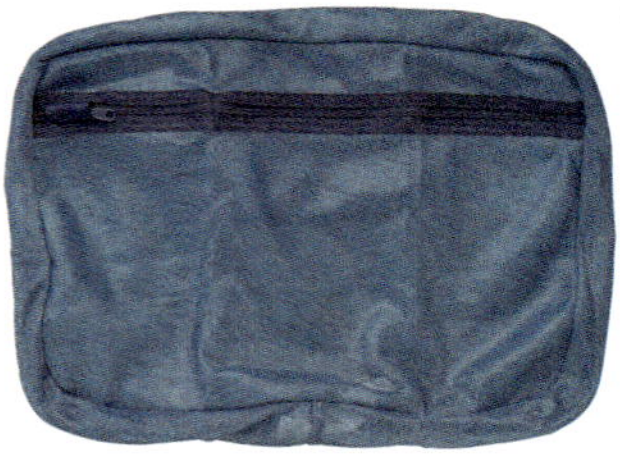

約幅26cm×長さ40cm×マチ6.5cm
￥1,500
カラー／グレー・ブルー

※価格は税込み価格です。

ここがマイベスト！

1. 容量はたっぷりなのに、たたむとコンパクト
2. 軽くて持ち運びやすい
3. 素材は薄いがしっかりしていて丈夫
4. 色とサイズ展開があり、仕分けしやすい

旅支度の強い味方の働き者のケース

パラグライダークロスは軽くてコンパクトなので、荷物のかさばる旅行などで特に重宝します。Ⓑはポーチ内ポケットにたたみ込めてコンパクトに。洗濯ネットの役割も兼ねているので、帰宅したらそのまま洗濯機にイン。

小林さんの３泊４日の旅支度

OPEN

１日分ごとまとめるとわかりやすい

リビングダイニングに収納した、
デジカメ＆コードを入れたEVAケース

４日目

３日目

２日目

リビングダイニングに収納した、
私用の診察券、お薬手帳一式を入れたEVAケース

必要なものだけ、コンパクトにパッキング

1日分ずつ仕切りケースに入れ、キャリーケースに使う順番に立てて収納すれば、さっと取り出すことができ使いやすい。

Column

まだまだある無印良品の便利グッズ

こんなものがあったらいいなと思うたくさんのアイテム。収納用品の脇役としてだけでなく、スッキリ収納には欠かせない、使いやすく優秀なものたちをご紹介します。

バラバラになりやすいカメラの付属品、母子手帳と薬手帳などはそれぞれまとめて。

半透明で入っているものが見えるケース

カメラの充電器やコード類、母子手帳など、複数あって区別しないと使いにくいものは、関連するもの別にケースにまとめれば、持ち出すときも迷いません。旅先にもこのままパッキング。

EVAケース・ファスナー付

B6

縦約15cm×横約22.1cm　¥105
サイズ／B6・A5

ひっかかりやすいニットの洋服も、ブリ材と合わせて使えばひっかかりなし！

サイズ変更が簡単にできる仕切りケース

バスケットやケースの高さに合わせて折りこめばピッタリサイズになる。入れるものによってサイズを選べば、細かく仕切って使うこともできて便利。洋服にも優しい！

高さが変えられる不織布仕切ケース

大・2枚入り

約幅22.5cm×奥行32.5cm×高さ21cm　¥1,000　サイズ／大・中・小

ケースを細かく仕切って、ネクタイやハンカチなどを取り出しやすく収納。

付属のサイズ表を見れば間違いなし

ケースや入れたいものに合わせてカットしてセットすれば、ものを出し入れしやすいスペースを作ることができ、自由な分割が可能に。いつまでもきれいな収納のまま！

ポリスチレン仕切板

大・4枚入り

約幅65.5cm×奥行0.2cm×高さ11cm　¥800　サイズ／大・中・小

※価格は税込み価格です。

Part

4

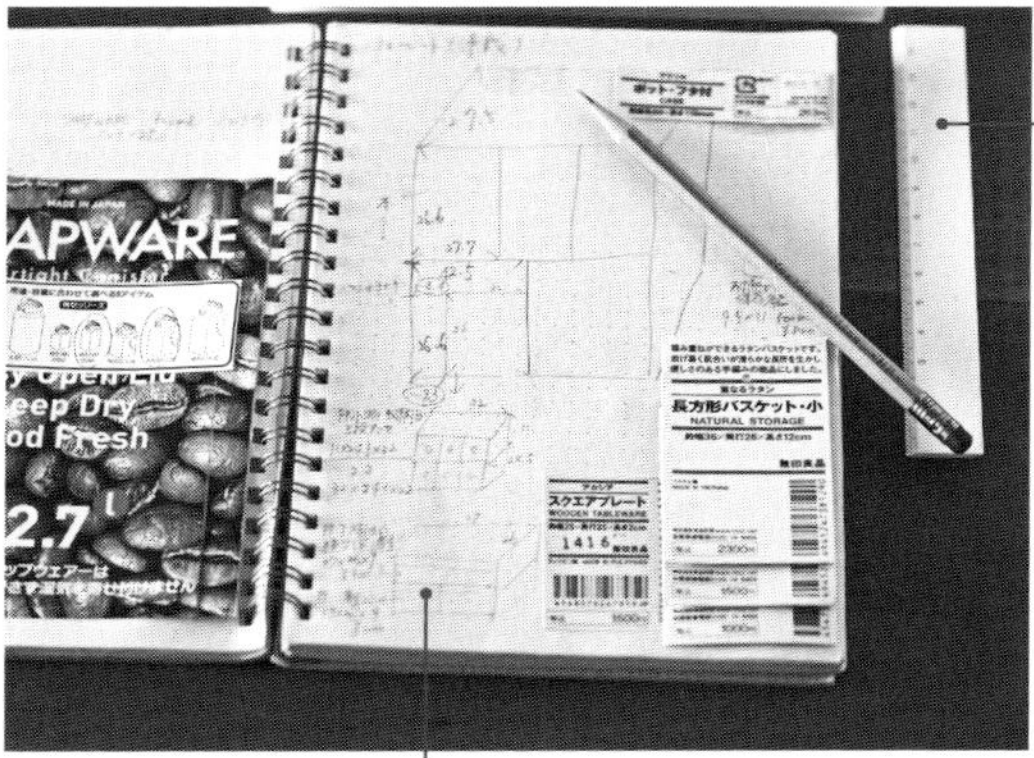

もう、失敗しません！ 整理収納レッスン

整理収納のお悩みNo.1はものがあふれていること。いいものを持っていても使いこなせていないことが現状です。さあ、今日から暮らしをリセットしてみませんか！

無印良品のこだわり、知っていますか？

無印良品の収納は無理なく生活空間に溶けこみます。それは商品開発で「基本の寸法」を追求しているからなのです。

ぴったり合う収納には納得の理由があった

無印良品の収納用品をたくさん使っていくうちに、収納スペースにぴったり合い、無印良品のもの同士を組み合わせると、サイズ感が合いやすいことに気がついたのです。それは偶然ではなく、「基本の寸法」を追求して商品開発をしているからなのです。

例えば、子ども部屋の机のサイドに置いたポリプロピレンの収納は浅型タイプを４つと深型タイプひとつを組み合わせたら机と同じ高さに。クローゼットではポリプロピレンの衣装ケースをふたつにキャスターをプラスしたものと、ポリプロピレンケースを３つにキャスターを組み合わせたものが、同じ高さになるなど無印良品は組み合わせるとピッタリ合うものが多いのです。

それは無印良品の商品が日本の住宅に使われる「尺」という基本の寸法を基準に作られて

※モジュール

設計上の概念で、システムを構成する要素となるもの。これが「基本の寸法」です。日本の住宅に使われている「尺」をもとに基本となる寸法を定め、その寸法を大型家具から小型の収納箱にあてはめています。

無印良品のベストバイ素材

ラタン

編みこみがしっかり、丈夫で長持ち。天然素材で風合いがよく、スタッキングが可能。

いるからなのです。無印良品の収納用品を購入して後から何かを買い足したいときに、このモジュール※があれば、ピッタリのものを買い足せます。

ワーキングスペース　中段 (P31)

Ⓐ MDF小物収納
Ⓑ ラタンボックス取っ手付・スタッカブル
Ⓒ MDF収納スタンド
Ⓓ ポリプロピレンケース・引出式・横ワイド
Ⓔ 重なるラタン長方形バスケット

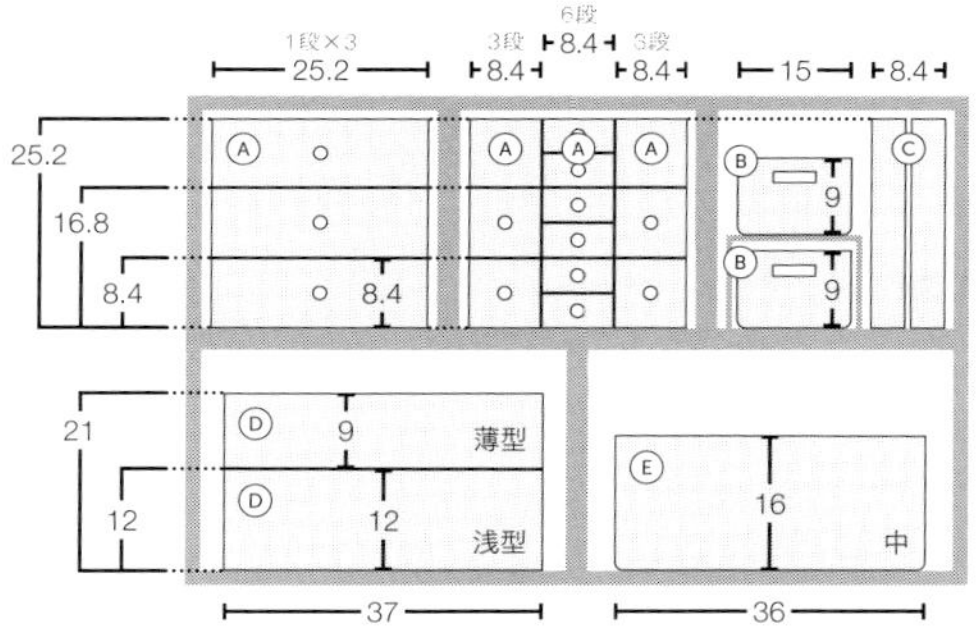

クローゼット (P31)

Ⓐ ポリプロピレン追加用ストッカー
Ⓑ ポリプロピレン収納ケース・引出式
Ⓒ ポリプロピレン収納ケース用キャスター

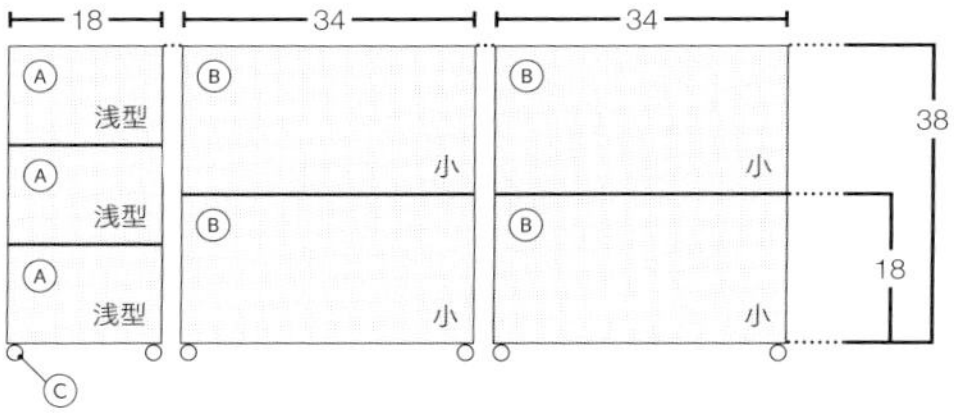

子ども部屋 (P38)

Ⓐ ポリプロピレン追加用ストッカー
Ⓑ パイン材折りたたみテーブル

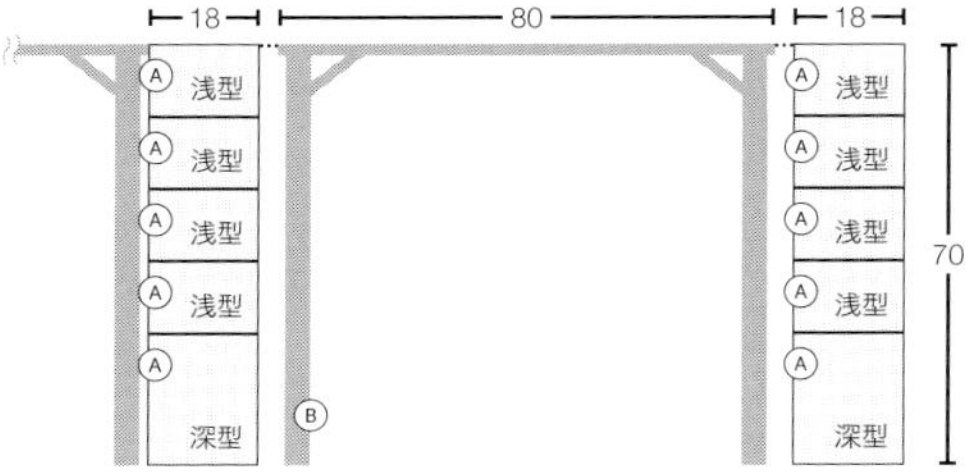

※単位はcm

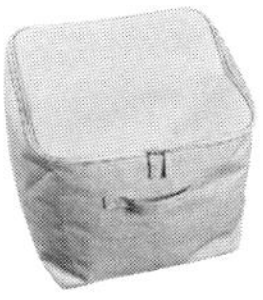

ポリエステル綿麻混

使わないときは折りたためる。持ち手つきが便利。

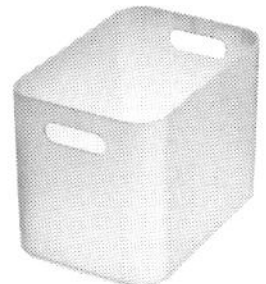

ポリプロピレン

軽量で強度も抜群。豊富なラインアップなので、いろいろな組み合わせが可能。

ブリ材

縦横使い、スタッキングができる。洋服収納は不織布仕切ケースをプラスして。

掃除と引っ越しがラクになる方法

何事もためこむと取りかかるのが億劫になるものです。
だからたまる前に少しずつがポイント！　掃除がラクな収納=引っ越しもラク。

グループごとにまとめる収納

掃除と引っ越しがラクになる方法は、長年の私のテーマでもありました。どちらもなるべく短時間で効率的にするにはどうしたらよいのか、ということを考えてきました。答えに正解はないと思いますが、私に合う方法はこれでした。

本当に必要なものだけにして、グループごとにまとめるということ。それはまさに整理収納の意味と同じです。整理収納ができれば、掃除も引っ越しもラクになるということ。ものがグループごとにケースにまとまっていれば、それをさっと移動して掃除ができ、そして荷造りも簡単にできる。気がついたときに、1グループずつ掃除ができる。また戻すときもさっとできる。すぐにできる仕組みにしておくことなのです。

特に掃除はためてからでは取りかかるのが億劫で、1回の負担も大きくなります。いか

無印良品の掃除道具たち

無印良品の掃除用品もスグレもの。用途に応じて、アルミ伸縮式ポールにつけ替えて使っています。

左から順に
ほうき＋ちりとり＋軽量ショートポール、マイクロファイバーハンディモップ、スキージー、カーペットクリーナー、替えシート

にためずに、1回の負担を減らしてラクにできるかが大切だと思うのです。引っ越しを何度も経験して、行き着いた方法なのです。

わが家の掃除スケジュール

リビングダイニング

- TVを見るときにAVボードとチェストのホコリ取り
- 朝にほうき、ハンディモップ
- 時間があるときに雑巾がけ

ワーキングスペース＆クローゼット

- 衣替えの時期に全部出してふき掃除

浴室

- 1日の最後に鏡をふき、おけとイスをふいてフックで吊るす
- 朝または夜にお風呂掃除。髪の毛は歯ブラシと小雑巾で取る

キッチン

- 調理後にセスキ炭酸シートでふく
- ステンレスは水けをふき取る

洗面所

- 朝または夜にメラミンスポンジと小雑巾で掃除

玄関

- 雑巾を捨てるタイミングではき掃除
- ドアと床ふき

トイレ

- 1日1回使用後にふき取りシートとブラシで掃除

日替わりMenu

Mon.月曜	灯りに関するところ
Tue. 火曜	火に関するところ（コンロ）
Wed.水曜	水まわりを重点的に
Thu. 木曜	植物に関するところ
Fri. 金曜	お金に関するところ（レシート、金属）

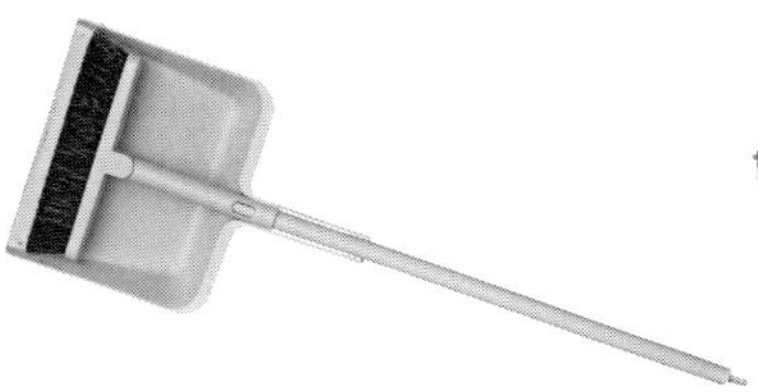

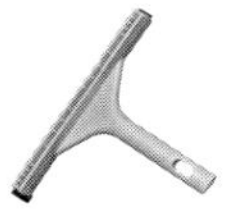

片づけられる子どもになる部屋作り

無印良品の機能的なアイテムは組み合わせやすく、片づけやすい空間作りにひと役買うものばかりです。

やりたいことがすぐにできる部屋

片づけ上手な子どもになってほしいと誰もが願うもの。では、どうしたらそうなってくれるのでしょう。まずは片づいている状態がどんなものなのか、どうしたら片づけられるのかを教えなければなりません。そして、自分で使ったものは自分でしまう。自分がしたことは、最後まで責任を持つことがとても大切です。これは片づけに関してだけではなく、すべてにおいていえることです。

まずは片づいている環境を作ること、片づけやすい環境にしておくことが大切です。そして、「片づけなさい」ではなく、具体的に教えることが大切です。1アクション※で片づけられること、子どもが15分で片づけられる量を見極め、管理するべき量を少なくする。多すぎる分は一度、目につかない場所に一定期間保管して、ものとの距離をおくことが必要です。

※アクション

アクション＝行動・動作。1アクションとは、ものを取るまでの行動がひとつでできるということ。取りやすさ＝しまいやすさ。使う場所の近くにしまうことが大切です。詳しくはP16参照。

片づいている部屋は、やりたいときにやりたいことが自由にできます。すぐにスタートできる。自分にとって本当に必要なものだけを収納し、使いたいときにすぐに取り出せる。このよい習慣が他の行動にもよい影響を与えてくれるでしょう。

　これを習慣化していく心がけが、すべてをよきものへと結びつけてくれることは間違いありません。子どものときから身のまわりをきれいに、自分の部屋だけではなく、関わる場所もきれいにしたいという心を育てましょう。

整理収納

Q&A

整理収納がなかなかうまくいかない。
どうしたらうまくいくのでしょうか？
皆様からいただいたご質問にお答えします。

Q1.

ものが多くて、どこから手をつければよいかわかりません。

一番困っているところから始めることをおすすめします。まずは、小さなところから始めることです。化粧ポーチやキッチンの引し出しなど、小さな範囲から始めてみましょう。比較的多くの種類が混在していないところはいる、いらないの判断がつきやすく、片づけやすいです。小さなところから着実に片づけ方を学んで練習していけば、大きなところも片づけられるという自信が生まれます。

そしてすぐに始められる方法は、まず家に余計なものを入れないことです。ダイレクトメールや使わない景品など使わないものは、どんなに小さくても、ゴミとなって家に蓄積してしまいます。どうしても自分でできないときはプロの力を借りましょう。

Q2.

収納する場所がなくて困っています。

収納するスペースの目安は、マンションは床面積の7～8％くらい、一戸建ては床面積の10～15％くらいが目安とされています。一戸建ての場合だと一般的には30～40坪くらい。40坪の場合だと40坪×10％＝4坪で畳8枚分です。8帖の部屋ひとつ分が、収納スペースになっていることになります。

家を建てるときは、おおむねこのくらいは確保されているはずです。おそらくスペースがないというより、うまく使えていないことが多いと思います。適切な量の収納が、適切な場所に収納されているかどうかが大切です。まず、今ある収納スペースの中を見直して適正量なのか、その場所に必要なものなのかを見極めましょう。

Q3.

収納するのに、収納棚などを購入しないといけませんか？

ものが収納できないからといって、すぐに収納家具を買うことはおすすめできません。安易にものを買ってしまうのは、さらにものが増える原因になりかねません。まずは、今あるものを見直すことから始めましょう。収納スペースひとつずつを見て、いるものといらないものを区別し、現状の収納が適するものなのか、適正量なのかを考えてみましょう。そして、収納すべき必要なものだけになってから、収納棚などの購入を検討しましょう。購入する際は、入れたい場所を必ず採寸しましょう。広い店舗では家具が小さく見え、実際に家に運ぶと、思ったよりかなり大きかったということがよくあります。収納スペースや使う人に合わせた棚を選びましょう。

Q4.

主人（パートナー）が、捨てるのが苦手の場合はどうすれば？

いきなり捨ててもらうようになるのはかなりハードルが高いですね。まずは、パートナーではなく自分のところや共有部分をスッキリ片づけましょう。以前よりスッキリした部屋を見て、不快に思う人はいないはずです。きれいな環境で暮らすことは、気分がいいだけではなく、ものが少なくなると管理がラクになり、ものに縛られない生活ができます。メリットがたくさんあれば、捨てられない人も動いてくれるはずです。

それでも捨てられない場合は、箱などにまとめて、一時的に見えない場所に保管期限を決めて置き、期限がきたらもう一度処分を検討してみましょう。使用頻度の高いものから優先的に収納していき、残ったスペースに置ける分だけの捨てられないものを置いてよいルールを決めましょう。

Q5.

何年も前に買った服が、着ていないけれど高かったから捨てられません。

洋服は冠婚葬祭用を除き、1年間着ていない洋服は処分しましょう。いくら高い洋服でも着なければタンスのこやしでしかありません。クローゼットに収められる洋服の数も限られますので、あまりにたくさんの洋服を詰めて入れてしまうと、着ない洋服がお気に入りの洋服の場所にオーバーしてシワにしてしまいます。着たいときに洋服がシワになっているのはせつないですよね。クローゼットにも適量がありますので、8割収納を心がけましょう。洋服は新しいほど、リサイクルショップなどで高い金額で買い取ってもらえますので、1年単位でこまめに見極めることが大切です。クローゼットの中がすべていつも着ているお気に入りになったら、毎日の洋服選びが楽しいものです。

Q6.

思い出の品は捨てるのに抵抗があります。

思い出があるものをすべて取っておくことは難しいです。たとえ取っておいたとしても、たくさんありすぎると管理しきれず、実際に見たいときに、すぐに見られない状況になってしまいます。あくまで日常に使うものの定位置をしっかりと決めてから、余ったスペースに置ける量にしましょう。大きいものならば、写真を撮ってコンパクトにしてアルバムに残す方法もあります。使えるものならば、使いながら残す。ものは使ってこそ価値がありますからね。本当の思い出ならば、ものがなくても心に残るものだと思うので。ものへのこだわりを捨てましょう。あえて残したいならば、見たいときにすぐ見られるように収納しましょう。

Q7.

雑然としたリビングを まとまらせるにはどうすれば？

きちんと片づけていても、何となく雑然として、すっきりして見えないことがよくあります。それはインテリアのテイストに統一感がなかったり、収納小物の選び方に原因があることがほとんどです。たとえば、収納ボックスの形や材質の種類がいくつかあったり、色が何色もあると統一感を持たせることができません。また、日用品などがそのままの状態で置かれていると、同じようにバラバラな印象を与えてしまいます。

そこで収納小物をうまく使って、統一感を持たせましょう。色と材質は2種類までに決め、形はムダなスペースがでない四角がいいでしょう。生活感がでやすい文具や書類などは、見えないようにこれらの収納グッズに収めましょう。収納小物に統一感があれば、同じ棚に他のものが置かれても、まとまった印象を保つことができます。その結果、部屋全体も同じような印象を与えることができます。

Q8.

趣味のものが多く、片づきません。

あなたが一番やりたい趣味は何ですか？　今やっている趣味のものだけにしましょう。趣味は楽しむものです。楽しむための道具が、生活スペースを脅かしてしまうことはあってはいけないことです。自分自身がこれから何をしていきたいのかを考えれば、そのために必要なもの、またはそうではないものが取捨選択できます。過去の趣味は思い出です。

いろいろな場面でいえることですが、他で代用できるものは、捨ててしまわないと片づきません。どうしても必要な食品や生活必需品以外は、少なく持ってちょうどよい分量といえます。日常使用するものの定位置を決めた上で、残りを置けるスペースを決め、その範囲からものを選んでもよいでしょう。

Recipe

P74〜75の料理の材料&作り方

アカシアプレートに合う簡単に作れる
おいしいレシピです。
作りおきできるものもあるので
あと一品が欲しいときにも大活躍！

ワンプレートご飯 1

・鶏の唐揚げ Ⓐ

1. 鶏もも肉300ｇを食べやすい大きさ(2〜3cm)に切る。
2. ジップ袋の中にすりおろしたニンニク・焼肉のたれ・キムチだれ（適量）を入れ、軽くもみ込んで、冷蔵庫で１時間以上おいて下味をつける。
3. 片栗粉をまぶし、余計な粉を落としながら、熱した油の中に少しずつ入れる。
4. 途中、網じゃくしや菜箸で油から出しては、くぐらせるをくり返す。
5. こんがりきつね色に揚がったら、でき上がり。

［保存期間：冷蔵で約１週間］

・梅おにぎり Ⓑ

1. 玄米と白米を１：１の割合で炊く。
2. 梅干しは種を取り、梅じそとともに細かく刻む。
3. ２をご飯に混ぜ合わせてにぎる。

ワンプレートご飯 2

・栗ご飯 Ⓐ

1. お米２〜３合を洗う。
2. １と無印良品の炊き込みごはんの素「栗ごはん」（154ｇ）を炊飯器にセットする。

Ⓜ炊き込みごはんの素　栗ごはん　¥450

・豚焼き肉 Ⓑ

1. ジップ袋の中に豚薄切り肉200ｇ、すりおろしたニンニク・カルビ焼肉のたれ（適量）を入れ、軽くもみ込んで冷蔵庫で１時間以上おく。
2. 玉ねぎ１/2個をスライスする。
3. 玉ねぎを炒めしんなりしたら、保存容器に移す。
4. 豚肉を炒め、１のたれをたしてから混ぜる。
5. あら熱を取ったら、４を３に加える。

［保存期間：冷蔵で約４日］

・かぼちゃチーズサラダ Ⓑ

1. 切ったかぼちゃを柔らかくなるまで電子レンジにかけ、塩・マヨネーズ（適量）を加えて混ぜる。
2. あら熱が取れたら、クリームチーズを散らしてでき上がり。

・おくら味噌和え Ⓒ

1. オクラ５本はヘタを取り、１分くらいゆでる。
2. ザルに上げ水けをきったら、斜め切りにする。
3. ボウルに味噌、みりん、砂糖各大さじ１を混ぜ、２と白ごま少々を加える。
   ＊甘さ控え目なら砂糖の量を少な目に。

・鶏肉の漬け煮 Ⓓ

1. 保温性の高い鍋に、鶏肉が隠れるくらいのお湯を沸騰させる。
2. 中華だし、生姜スライス各適宜とナンプラーを少量入れる。
3. 火を止め、鶏胸肉200〜300ｇを入れて放置する。
4. 冷めたら鶏肉を取り出してスライスし、お好みのドレッシングをかける。
   ＊煮汁はスープとして使える。

［保存期間：冷蔵で約４日］

・もやしと小ねぎのカレー炒め Ⓔ

1. もやしと小ねぎを洗い、小ねぎは食べやすい長さにカット。
2. 小房に分けたしめじともやしをごま油で炒め、カレー粉を適量入れる。
3. 火を止め、小ねぎを入れて合わせる。

・かぼちゃ揚げ煮 Ⓒ

1. ビニール袋の中に片栗粉と、切ったかぼちゃを入れてなじませる。
2. フライパンに油をひいて１を入れ、菜箸でコロコロしながら揚げ焼きにする。
3. 豚ひき肉100ｇを炒め、酒、砂糖、しょうゆ、みりんを各大さじ１ずつ入れて煮立たせる。
4. ２のかぼちゃを３に入れて、たれをからませる。

［保存期間：冷蔵で約４日］

ワンプレートご飯 3

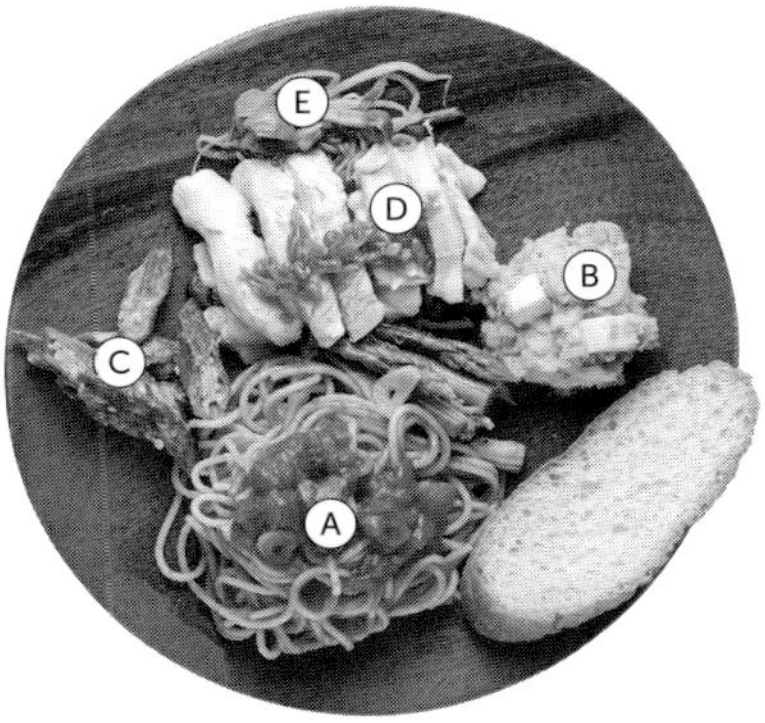

・トマトソースパスタ Ⓐ

1. オリーブオイルでニンニクとベーコンを炒め、カットトマト缶400ｇを加える。沸いたら塩少々を加え、弱火で約５分煮つめる。鍋肌が焦げないようにかき混ぜて。
2. パスタをゆで始める。お湯に対して1〜1.5%の塩を入れ、袋の表示時間の30秒ぐらい前でザルに上げる。
3. パスタを１のソースの中に加える。ソースが冷めない程度の極々弱火で、ソースとパスタを混ぜる。 バジルの葉を飾って。

Epilogue

長い間たくさんの無印良品のアイテムを愛用してきて、見た目はもちろんのこと、使いやすさや収納機能が抜群で、スッキリ暮らすためには欠かせないということを実感しています。

私の初版となるこの本にはたくさんの方にご協力いただきました。

私を見つけてお声をかけてくださった講談社エディトリアルの賀陽章子さんをはじめ、講談社カメラマンの山口隆司さんとアシスタントの皆様。吉村デザイン事務所のデザイナー吉村亮さん、眞柄花穂さん。本当にありがとうございました。

この場をお借りして感謝申し上げます。

この本を手にしてくれたひとりでも多くの方が、心地よい生活を送れますことを心から願っております。

整理収納アドバイザー
最強ムジラーこと　小林尚子

WATER
JUICE
TEA
TEA

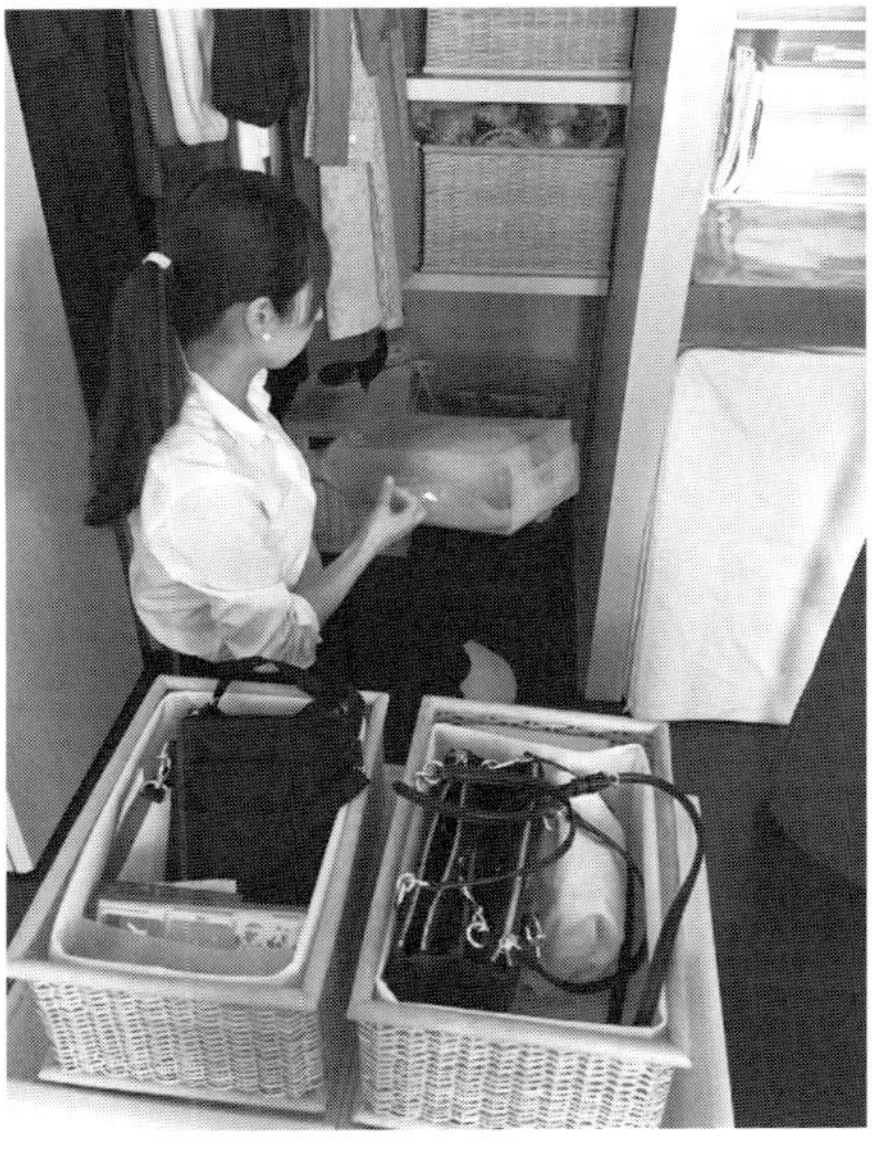

KOKOS ROOM

小林尚子（こばやし・なおこ）

整理収納アドバイザー。ナチュラルと北欧テイストをこよなく愛す。日本テレビ「スッキリ」に出演後、最強ムジラーと評判になる。3LDKのマンションで夫とふたりの娘と暮らす。結婚後、夫の仕事で6回の転勤を経験し、スムーズな引っ越しを考えていくうちに、無印良品にはまり、整理収納への関心が高まる。無印良品にすると自然と整理したくなるという。整理収納アドバイザー1級、2級の資格を取得。「ESSE」などの雑誌、新聞、テレビ出演のほか、整理収納講座、お片づけの出張サービス、商品開発などで活躍中。ハウスキーピング協会の整理収納フェスティバル2013『わたしン家自慢』コンテスト最優秀賞1位獲得。

◆ブログ「ナチュラルな私の暮らし」 http://littlekoko.exblog.jp

Staff

撮影　山口隆司（講談社写真部）
デザイン　吉村亮、眞柄花穂（Yoshi-des.）
校閲　戎谷真知子

掲載商品のお問い合わせ先

無印良品 池袋西武　Tel.03-3989-1171
〒171-8569　東京都豊島区南池袋1-28-1
西武池袋本店別館1～2F

とことん使《つか》える！ 無印良品《むじるしりょうひん》
人気収納《にんきしゅうのう》アイテムで「ためない」暮《く》らし

2017年12月14日　第1刷発行
2017年12月21日　第2刷発行

著者　小林尚子《こばやしなおこ》
発行者　鈴木 哲
発行所　株式会社 講談社
〒112-8001 東京都文京区音羽2-12-21
販売 Tel.03-5395-3606
業務 Tel.03-5395-3615
編集　株式会社 講談社エディトリアル
代表 堺 公江
〒112-0013
東京都文京区音羽1-17-18
護国寺SIAビル
編集部 Tel.03-5319-2171
印刷所　凸版印刷株式会社
製本所　株式会社 国宝社

定価はカバーに表示してあります。

落丁本・乱丁本はご購入書店名を明記のうえ、講談社業務宛にお送りください。送料小社負担にてお取り替えいたします。なお、この本についてのお問い合わせは、講談社エディトリアル宛にお願いいたします。

本書のコピー、スキャン、デジタル化等の無断複製は著作権法上での例外を除き禁じられています。本書を代行業者等の第三者に依頼してスキャンやデジタル化することはたとえ個人や家庭内の利用でも著作権法違反です。


ISBN978-4-06-220853-6　N.D.C.597　95p　21cm

©Naoko Kobayashi 2017　Printed in Japan